U0947636

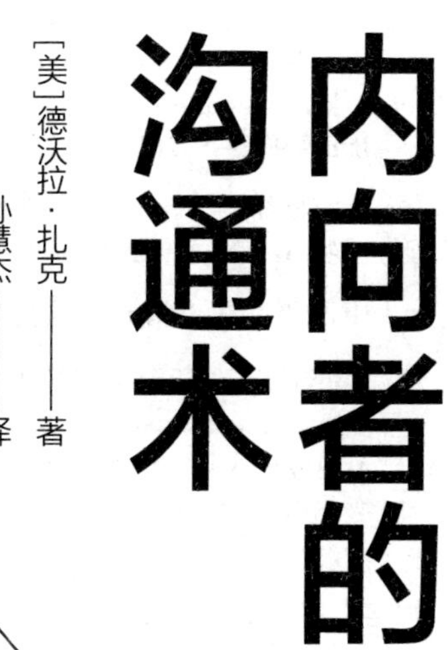

内向者的沟通术

[美]德沃拉·扎克——著
孙慧杰——译

Networking for People Who Hate Networking, Second Edition

天津出版传媒集团
天津人民出版社

图书在版编目(CIP)数据

内向者的沟通术 / (美) 德沃拉·扎克著；孙慧杰译. -- 天津：天津人民出版社，2021.12

书名原文：Networking for People Who Hate Networking,Second Edition

ISBN 978-7-201-17770-0

Ⅰ. ①内… Ⅱ. ①德… ②孙… Ⅲ. ①人际关系学—通俗读物 Ⅳ. ① C912.11-49

中国版本图书馆 CIP 数据核字 (2021) 第 220618 号

内向者的沟通术
NEIXIANGZHE DE GOUTONGSHU

出　　版　天津人民出版社
出 版 人　刘　庆
地　　址　天津市和平区西康路 35 号康岳大厦
邮政编码　300051
邮购电话　(022)23332469
电子邮箱　reader@tjrmcbs.com

责任编辑　李　羚
出版策划　春风化雨
装帧设计　琥珀视觉

制版印刷　固安县保利达印务有限公司
经　　销　新华书店
开　　本　880 毫米 ×1230 毫米　1/32
印　　张　8
字　　数　146 千字
版次印次　2021 年 12 月第 1 版　2021 年 12 月第 1 次印刷
定　　价　42.80 元

序 言

生命的目的在于发掘自己的天赋，
生命的意义在于贡献自己的天赋。
——大卫·威斯科特

太激动了！

很难相信，从本书第一版面世，到现在已经快10年了。那时我们还是孩子，热衷于要证明什么。

很多东西还是没变。我们依旧是内向、外向、中向性格的集体，有很多社交难题要破解，破解机会也依然存在。也有很多东西发生了变化或者说演变。

本书第一版销遍各个大洲，除了南极洲。滑稽不？书的封面用了企鹅，可就只有它们不愿意阅读本书。

本书被翻译成了15种语言，有视频、电子书、有声书、摘要等各种形式。书中我描述了那么多尴尬时刻，根本想不到会被那么多人即刻知晓。

读者们一直和我分享真心故事，关于本书如何改变了他们的生活、推动了其事业进步、实现了自我接纳、增进了其人际关系等。收到你们的来信一直都是最美好的事。

虽然我一直在讲社交、个性类型和如何真正联系，但是你们为我提供的绝妙想法和观点，使其更加丰富完整。

欢迎阅读全新修订的第二版！

新版几乎每一页都有更新和改进，此外还有很多亮点，增加了两章以及一些全新内容：一章关于后续跟进，一章关于人际关系交往，第九章“找工作”新增了面试技巧。

本书不止是写给内向者的，穿着“我❤社交”T恤的外向者也能从本书中得到收获，学到新技巧。外向者还能深入了解内向者的思维模式，为自己的社交加分。

本书进行华丽升级后，依然切合实际、有趣实用、充满互动。大家快快参与到书中的这些活动吧。自第一版问世后，我已经写了两本助力社交成功的书。《零压力管理：管理厌恶者的轻松管理术》介绍了思考者和凭感觉者（T/F）模式，里面含有这个模式在内、外向者身上的相互作用；《单任务管理》介绍了如何更加专注、敏锐、目标明确的方法，这些技巧也能帮助大家提高社交质量。这两本书被翻译成了44种语言出版。

案例笔记

内向国度体验之旅

站过来，来场主题乐园的奇妙之旅！大家坐上“内向动车”，戴上内向者增强现实智能眼镜，从内向者视角开始了体验内向国度之旅：闲聊比接连转机坐三程红眼航班还要劳心费力；无论出于什么原因，聚会都太过招摇；隐私至上。

何必再等入场券？不用那么高科技，拿起手边这本书，现在就开始吧，快速入场。

目 录

导论
内向者必读

唯有连接。

——E.M.福斯特《霍华德庄园》

用希腊语学习拉丁语

我在康奈尔大学读研究生时，第一天上了微观经济学课。教授一开始就对我们说，这门课会用到很多经济学图表。他语气缓和，试图安抚我们这些新生不用担心。他说："把经济学图表当成普通流程图就好了。"我本来是一名文科生，以前根本没有学过经济学，听教授这么一说，我一脸茫然，因为我压根儿不知道什么是流程图。我感觉死定了。

在接下来几个星期里，我在商学院的经历可以说是在用希腊语学习拉丁语……关键是这两门外语对我来讲都像天书一样陌生。尽管我努力记笔记，但课后仍旧一头雾水。

同样，如果一个人自认不善交际，却竭力遵循为社交达人制订的交际法则，悲剧就开始了。因为对前者来说，这些法则完全无章可循。就像两个人交流，说着不同的语言，双方都听不懂什么意思。那么，本书是用什么语言写成的？应该说，它是用性格内向人士所熟知的语言写成的。幸运吧！

全书内容你是完全可以理解的。

对了，多年来我经常受邀回到母校康奈尔大学，给学生讲授沟通技能，不过，还没人请我去讲授经济学。（开个玩笑）

特别的社交书写给抗拒社交的你

为什么会写这本书？这不像是给对鸡蛋和奶酪过敏的人奉送乳蛋饼食谱，或是给对花粉过敏的人送去鲜花吗？假设你反感某事，而此事又不是必须去做的，那为什么不放弃，去做自己感兴趣的事情？何必折磨自己？

问得好。

我完全赞成上述说法：绝不在自己憎恨的事情上多花一分钟！但是现实没有这么简单。如果你觉得只要把本书丢回书架，就可以摆脱社交，这是不可能的。

接下来，我将会展示社交如何变得有趣又极富成效。不需要改头换面，你需要做的就是找一把舒适的椅子或者一片温暖的草地，摊开本书仔细阅读，不会让你后悔的。

首先，我们要重新审视这些传统社交箴言，以后慢慢破除它们：

- 要不断推销自己。

- 更多朋友=更高成功几率。
- 永远不要独自进餐。
- 随时与他人保持联系。
- 尽可能多“出去”交流。

在我第一版书出版之前，市面上的社交手册几乎都是为一类人量身定做的——这类人本就喜欢社交，即使满屋陌生人也能应付自如、如鱼得水。

实际上，这类性格的人只占总人数的15%[①]。我确信那些社交书籍的作者并非刻意忽略另外一部分人，不过想想就挺上火的，有85%的人被忽视、被误导、被愚弄了。是时候让我们这样的人找回属于自己的社交世界了。

在这过程中你会发现，社交中发挥我们与生俱来的个性，能产生巨大价值，再也别抑制我们的本性了！

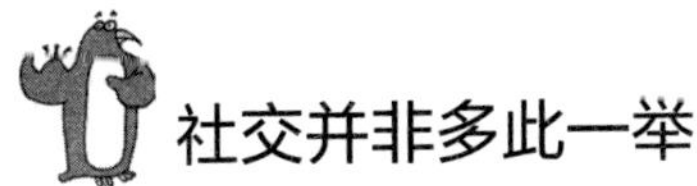

社交并非多此一举

你心里也许在嘀咕：我不喜欢社交，反正也毫无兴趣！

---

① 出自迈尔斯、麦考利、昆克、哈默著《迈尔斯–布里格斯性格类型指标手册》（明尼苏达州圣保罗：心理咨询专家出版社，1998年）。

社交活动让我筋疲力尽！社交技巧从不奏效！况且也没时间，没必要社交！社交是骗人的、自私的、虚假的、不真实的、肤浅的、约定俗成的、咄咄逼人的、毫无用处的！

请你先停一下，喝口水，冷静一下。

性格内向、社交迷惘或社交欠缺的人没能善于交际，是因为传统社交建议本来就不是为他们量身定做的。

依我的经验来说，自称抗拒社交的人都会觉得自己不擅长交际。把这句话倒过来说也对，不擅长交际的人也会抗拒社交。其实，人人都具备成为一流社交家所需的所有素质，只不过有些人遵循了错误的社交规则。如果一般的社交建议对你不奏效，你往往就会认定自己不善社交，还会抗拒社交。

恰好，让我给你介绍一套方法吧！让你保持真实自我的社交方法。

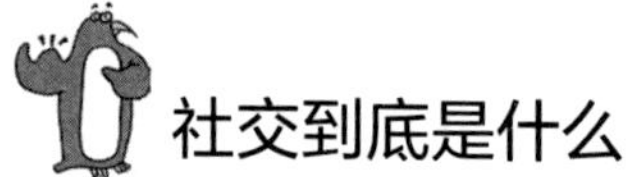

社交到底是什么

俗话说：心想事成，即再远大的理想也有实现的可能。

社交可以让我们挖掘自身潜能。比如换一份新工作、在职场获得晋升、结识新朋友、改善世界、扩大影响力、销售一项产品或服务、写一本书、签单生意、改善合作关系、成为名人、实现理想、扩大交际圈、拓展生意等。

社交可以助力我们实现目标。我提供社交指导有20多年了，还没有谁说学会正确的社交技巧后自己没有受益匪浅的。

那么，社交到底是什么？

用术语来说，社交是为了达成共享的积极成果，建立和维护人际关系的一门艺术。

真正的社交就是连接。

保持真诚，就能拥有具有弹性和价值的社交生活。我们可以在保持自我、运用自身已有品质的基础上，掌握社交技巧；学着与那个内向的、迷惘的或缺少社交的可爱自我共同努力，而不是对此抱有抵触心理。尊重自己的秉性，是发挥自己最大潜能的秘诀。请相信，以前你误认为的缺点现在会是你的绝佳优点。

对接下来的内容期待不已了吧？

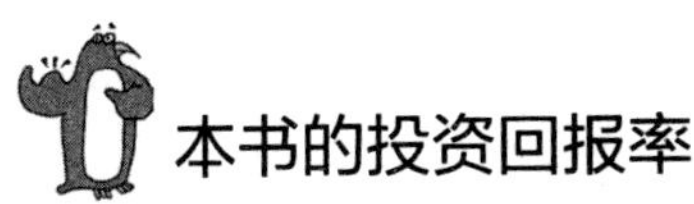

本书的投资回报率

除非你是位大富翁，否则，时间就是你最大的财富。为何与其他相比，本书值得你花上珍贵的几个小时专心读读呢？

a.你将发现非常有效、浅显易懂的社交新方法。

b.你将获得许多实际要诀，同时学到清晰的行动步骤，并能直接应用到你的社交目标中。

c.你将从我多年来在众多领域的实际案例中获益匪浅。

拿起笔开始阅读吧，我将与你同行！

第一章

行动指南

只要相信自己，你就会懂得如何生活。

——约翰·沃尔夫冈·冯·歌德

人们老是信誓旦旦地说我是外向性格。

我一旦否认，他们便各种举例，证明我错了。

“你靠演讲为生！能量满满！还写社交书籍大声疾呼！”

……

其实，他们根本不懂内向的真正含义，望文生义地认为内向的人不可能活泼自信或善于交际。

接下来，跟我一起来辩论，一起来证伪，一起来推翻这些刻板观念吧！

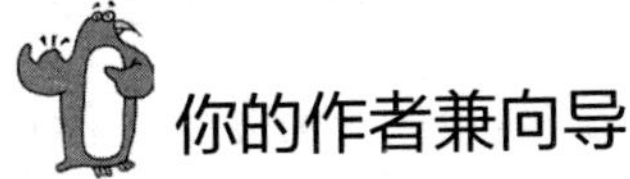

你的作者兼向导

如果你讨厌社交，踏入这块陌生领域时，当然希望找个有能力的人引路。为什么我有能力担任向导呢？

首先，我属于内向型，不管别人怎么否认（他们虽无恶意但确有考虑不周），我的确是内向型。我也总感觉应接不暇，疲于交际，因此尽量减少人际交往；我认为，美好的时光是在我独处的时刻；我会定期与脑海里的人们进行对话，就像实际发生的一样；面对疑问，我需要时间充分思考，然后才做出回应，否则就会陷入困境；一想到随心所欲地追求快乐，反倒让我感到无所适从的焦躁不安；纷繁叨扰的外部刺激不会让我兴奋，反而让我敬而远之；很多人会忽视的非言语细节，我自然而然、轻而易举就能捕捉到；比起一大堆泛泛之交，我更喜欢与少数朋友建立深厚友谊。

你肯定会发现，上述倾向与个人活力、口才、职业成就并无关联。因为个人活力、口才、职业成就这些特点与内向型没有关系。

下面，我们一起做个游戏。我来列举些性格特征，一般人乍一看会觉得是外向型，但稍加分析就会发现其实属于内向型。

行动迅速。

冒牌“专家”宣称内向者比外向者节奏慢，这简直是胡说。内向的人完全有可能高度活跃。内向≠无精打采！事实上，内向的人喜欢专注，做事聚精会神，在正事上常常表现得精力充沛、行动迅速。

能自如地站在众人面前。

哈！这可打翻了大部分人对内向型人士的固有偏见。内向者公开演讲毫无问题。实际上，因为内向的人更喜欢角色明晰，所以他们更喜欢在公众前演讲，远甚于在鸡尾酒会上漫无目的地走来走去。

喜欢社交。

这是本书的焦点。我并不总喜欢社交，但我发现了一些神奇技巧，能翻转社交世界，或者说扭转社交世界，能让你有所启发，左右逢源，成为社交明星。

貌似不可能？不，完全有可能，跟着我看下去吧。

内向者简史

本书很多读者是内向型性格的人。由于文化暗示，很多人感觉内向是个问题和缺点，是个需要掩饰或克服的不幸。

内向者从小就被灌输世界是属于外向者的。譬如小时候，孩子如果不愿加入群体，就被视为孤僻，而不是被赞美自律。老师会说：“去和大家玩吧，课堂参与度也算入成绩哦。”

内向是天生的，倾向很早就能看出来。小时候，我总想独处，自己和自己玩，这会让有些家长觉得孩子需要进行全面心理检查。如今，我作为父母，发现我的儿子从3岁就显示出了内向型特征。

内向者三大特征

内向者深思、专注、自立，这些特征将内向和外向明显区别开来：

内向者先想后说 善思	外向者边说边想 善言
内向者思维深入 专注	外向者思维宽广 发散
内向者独处获得能量 自立	外向者与人互动获得能量 合群

如果你也是一名内向者，何不全神贯注地用一下这三大特征？花点时间思考（善思）这三大特征，深入地（专注）、独立地（自立）思考。我等你。

不管你是什么秉性，将自己的优点与特定方法结合，你就能在社交场合如鱼得水。内向性格、外向性格、中向性格都能从这本指南中有所收获。

我说过我有特异功能吧？感觉到你的好奇啦，马上开始……

第二章
自我测评

我们眼中的世界并非其本来面目，

而是掺杂了个人色彩。

——阿奈丝·宁

小测试：

1.为什么外向的人有语音信箱？

2.为什么内向的人有语音信箱？

答案：

1.为了从不错过来电。

2.为了从不接听来电。

有人认为，观察行为能推断出动机，但事实并非如此。在日常生活中，人的相同行为可能出于不同的动机，所以要注意，眼之所见并非行为的全部。从行为推断动机，常常夹杂着观察者的偏见，而行为背后的原因才反映着真正意图。

推断别人？你搞错了。

推断别人是浪费时间，方向就不对。为自己负责吧，推测他人既天真又不现实。

案例笔记

你喜欢独自进餐吗

我曾主持过一场为期5天提供住宿的高管研讨会。会上，我解释说许多内向的人更喜欢独自吃早餐，而不是与其他参会者边吃边聊。性格外向的罗伯特提出质疑："今早大卫就过来和我一起吃的早餐呀！那这又是为什么呢？"前一天下午，我们了解到大卫属于内向型性格，于是我请大卫做个解释。大卫笑着说："我是硬着头皮上的——希望没冒犯你，罗伯特。我真的不想和任何人一起坐，但是我告诉自己'我是来交朋友的'，所以我劝说自己去和你一起坐。"大卫如此坦诚，大家哄然大笑。

“那么，”我接着问道，“外向的人看到前一天见过的同学，就会直接坐过去，为什么？”所有外向者都举起手来，不过不重要，有两三个还没等点名就回答了：“我们喜欢交流，谁想自己一个人吃饭呀？！”

尽管大卫努力去认识其他高管，但可能不会每天早晨进行这种交流。正好来个小测试：内向的人刚寻觅到一个早餐角落坐下，暗自窃喜可以安静就餐时，最害怕听到的四个字是什么？

答案：一起吃吧！

心理弹性

我们都知道，想要身体保持柔韧，前提是必须肌肉有弹性。为了保持和打造身体的柔韧性，必须坚持不懈。心智敏锐度即应变能力，也必须持续开发。拥有这一天赋，就能随机应变。

恰巧，神经学家朋友（总是雪中送炭）将这种现象命名为：心理弹性。心理弹性指在不同情况下灵活应变的能力。心理弹性可以习得，可以开发。如一些创新型思维活动就能培养心理弹性。

只要能够拓展思维，例如创造性解决问题、玩字谜游戏等，就有助于发展健康的弹性思维。弹性能使大脑保持年轻状态，时刻准备好快速有活力地应对挑战。

另外，研究认为，拓宽对性格各个层面的认识，能够巩固心理弹性。求同存异者，更容易接受他人。记住一个准则：

不要拿自己的内在与他人的外在相比。

依据自己的内在状态，去批评他人的外在行为，常导致负面评价。譬如，我想工作不受打扰，而你想分割任务、反复讨论，这就会产生冲突。这只是冰山一角，因为每个人都有各种各样的工作方式。

某次研讨会上，一个外向的与会者自我描述时说："我从不说谎，心直口快，想啥说啥。"换句话说，她认为诚实就是心直口快。

"内向的人不太会这样，"我问道，"难道说内向的人不够诚实？"

她琢磨起来。

下次开会时，她说她想通了，诚实与心直口快并无关系，并由此转变了观念。她之前认为内向的人慢条斯理，现在她尊重他们需要时间再三考虑。

你也试试。想想你有哪些推断，可能你在无意中对其他不同性格的人存在偏见。

注意！弹性思维方式是成功“展示个性”的核心之道，第五章会重点阐述（和黄金规则拜拜吧）。

性格测评

以下每一点有两条描述，总分3分，请根据自身情况打分。例如，感觉自己像A不像B，打A=3分，B=0分；有点像A但更像B，打A=1分，B=2分。请基于真实感受打分，不要根据所谓的“正确”打分哦！

1.	A	头脑风暴最好是即兴讨论、随时分享
	B	头脑风暴最好是提前提供讨论话题
2.	A	休息时完美的一天就是独处时光
	B	休息时完美的一天是与他人一起度过
3.	A	别人可能觉得我性格内向
	B	别人可能觉得我滔滔不绝
4.	A	社交场合喜欢和不同的人交流
	B	社交场合通常专注于和一两个人交流
5.	A	喜欢独立工作
	B	喜欢团队合作
6.	A	通过深思熟虑形成观点
	B	通过反复讨论形成观点

7.	A	喜欢与多人共进午餐
	B	喜欢独自享用午餐或者最多和一个人共进午餐
8.	A	寒暄令人不自在
	B	天生健谈
9.	A	通常喜欢有人陪伴
	B	珍惜少数真心朋友
10.	A	经常遭到误解
	B	很容易被理解
11.	A	兴趣广泛丰富
	B	兴趣不多但爱钻研
12.	A	同事很容易了解我
	B	大部分同事对我了解不深

现在开始统计分数吧。

评估记分卡

1.	A=	B=
2.	B=	A=
3.	B=	A=
4.	A=	B=
5.	B=	A=
6.	B=	A=
7.	A=	B=
8.	B=	A=

9.	A=	B=
10.	B=	A=
11.	A=	B=
12.	A=	B=
总计:	外向=	内向=

33—36分：强烈偏向
28—32分：明显偏向
23—27分：适度偏向
19—22分：微弱偏向
你得多少分？结果没有好坏，多少分都不算挂科。

偏向程度

首先要明确几点。我们都认同不止有两类人——内向者和外向者，但并非所有内向者完全一样或者所有外向者完全一样。虽然内外向是个性的重要组成部分，但个体整体性格的构成要素不计其数。而且，偏向程度指个体与内外向典型特征的认同度。

上述个性测评，28分及以上可以说板上钉钉属于“明显外向性格或内向性格”，即体现出该性格分类下许多特征。

23—27分则是适度偏向该性格特征。

19—22分（无论哪一类）都可称为中向性格。虽然这个分数既偏内向也偏外向，但区别微乎其微，可以第二天再测试下，看看结果如何。

18分则是完全处于中间，内外向都不指向，是典型的中向性格。这是常有的事，不必焦虑。每个人都蕴藏着内向和外向两种性格特征，只是在这两种特征范围内认同度多少有别。中向性格的人既体现内向性格的某些特征，也体现外向性格的某些特征。

当然，大家注定都是一分为二的，一半接近内向，一半接近外向，而贴近中间的则有个新名词，即“中性”[①]。

潜在的反应

测试后一般有三种反应：

第一种：我就是这样！

第二种：分数不高不低，没问题吧？

第三种：就知道没用。

无论你是哪种反应，少安毋躁，我将一一解答：

第一种：分数与自我预期或自我认知一致时的典型反应。通常为性格偏向明显的人。分数越高，性格偏向越明显，越能体现该性格的社会特征。

第二种：偏向较弱的人通常处于内外向两者中间，容易对分数忧心忡忡，担心自己“是否摇摆不定、较为弱势”。

① 出自《迈尔斯-布里格斯性格类型指标手册》。

事实截然相反，得分中间的人对于理解两种性格不费吹灰之力。当然，其他人通过习得也能了解不同性格，只是对于中向性格者来说这简直易如反掌。当然，能否轻易认识到不同性格特征也受其他因素影响，例如自我意识强弱、秉性熟悉程度、对其他人的关注度等。

第三种：有时结果与自我形象相冲突，测试者难免会质疑评估的可靠性。测试者可能认为“感觉我很外向呀，怎么结果说是内向！”如果你也如此，别着急，先想想打分时是基于内心还是考虑了压力下的反应？是否告诉自己必要时要努力灵活处世？是否是根据内心渴望的性格打分的？是否内外偏向微乎其微？另外，对内外向两种特征认识不正确也会导致困惑。

如果感到茫然不解，就重新评估，想想自己内心的偏向，而非社会习得或期望。牢记内心最自然的反应，避免受到梦想中自我的干扰。

注意：极端情况

强烈内向者与稍微内向者相比，会展现出更多的内向特质，外向者也是同样的道理。差别明显的案例，更容易阐明内外向的区别，因此本书会重点介绍性格偏向最明显的个体。

即使最终得分相同的人，也千差万别。无数要素造就了独一无二的你。每个人的路径不尽相同。这本指南旨在透过性格这一面加强人际关系建设。

性格偏向得分越高，对例子的共鸣越强烈。只有微弱偏向的读者，对书中的例子会有不同程度的认同感。“强烈”和“微弱”指的是主导性格认同度的高低，与性格强势、信念坚定等毫无关系。

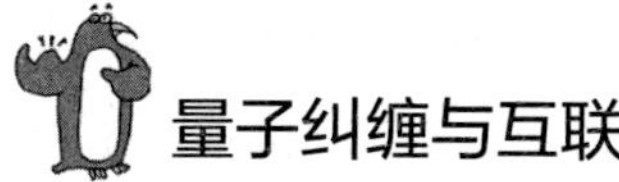

量子纠缠与互联

物理界专家们曾发现了一种异常神奇的现象，爱因斯坦将其命名为“幽灵作用”。这种现象与社交也有关系哦!

粒子间相互作用后再彼此分开，就会出现量子纠缠现象。粒子间互相连接后，一旦其中一个“纠缠”粒子产生作用，其他所有粒子就会同步作用，即使分开数百里，相互影响也依然会存在。粒子间将永远保持连接。这就是量子纠缠与互联。

这一科学发现与人际交往中的互联概念密切相关。人类也是粒子集合体，人际关系自然会产生纠缠现象。例如两个同事本是泛泛之交，突然发现了一个互联点，两人的关系可能就会发生非常微妙且永久性的转变。

人际交往成功的一个关键要素，就是建立互联点。探索发现共同点，更容易认可和展开有意义的互联。

我多次发现，互联能产生深远意义。有些小组乍看毫无共同点，但往往互动交流得很好。有时有些小组关系已然破碎，但通过构建和促进相互交流、创造发现之前隐匿的连接，就能产生巨大变化。一旦建立互联，转变观念，关系就会改善。越深入交往，关系越融洽。

拉近人际关系是个良好的开始。培养几段有意义的关系，而不是广发朋友卡，更能出现切实效果。处理关系可是内向者的拿手好戏，不是时时刻刻，也不是谁都联系，但他们天生容易吸引朋友并擅长与其建立长久关系。只要态度合适，发挥优势，稍加努力，就能成为社交高手。发挥性格优势吧，你一定得心应手。

接下来我们要把那些浅薄的偏见打个粉碎，咱们下章见。

第三章

粉碎偏见

做你自己，因为别人都有人做了。

——奥斯卡·王尔德

小测试：

判断正误：

1.内向的人害羞腼腆。

2.外向的人随和开朗。

3.内向的人学习外向性格，性格缺陷就能被“治好”。

答案：

1.错误。

2.错误。

3.错误。

内向国度与外向国度

很多人并不知道，其实世界上有两种国度：内向国度与外向国度。来自这两种国度的人虽然在年龄、民族、性别、身高或身体素质等方面没有什么差别，但他们却是完全不同的两个物种。两种国度各自的内部世界虽然也有变化，但它们始终保持着截然不同的风俗习惯。

有些人会在聚会时悄然消失、出神看着窗外或者自顾自走着就做了个决定，这样的人来自内向国度。内向者专注力非常高，甚至地震时身处震中都觉察不到。

外向国度的人总是成群结队、畅所欲言、追求新鲜、广交朋友。甚至不同地区的外向者对友谊都有不同定义。

可能由于板块运动，地球上这两个物种完全混合在一起了，甚至在家庭内部也会有两种物种并存的情况。刚接触一个人时，你可能觉得自己和他“真像”，等相处一段时间，结果发现人家说着外语，习惯和你迥异，完全不明白你说话的意图。

要警惕！千万别草率下定论，内向者尽兴夜游，或者外向者品味一个人的午后时光，并不意味着跨越界限或形象转变。许多物种都藏着点反面性格特点作为生活的调味。

为了让生活更加丰富多彩，我们欢迎中向性格者加入进来。中向性格者群体不小，处在内向国度和外向国度的边缘地区——觉得两个世界都是故乡又都是异乡。

你唯一的愿望是处理好这种复杂的人类现象？这本优秀生存指南，将为你效劳。

粉碎偏见

“内向”和“外向”这两个词，能让你想到哪些特征和联想？很期待你也能回答这个问题。就这个话题，其实我已经询问了几千人，非常感谢他们，反馈汇总如下，供你参考：

对内向者的常见偏见（似是而非）

冷漠	孤僻	尴尬	无聊
守口如瓶	置身事外	遥不可及	难以捉摸
不安全	不合群	不精神	不开心
负面	乏味	隐秘	安静
隐匿	粗鲁	遮掩	害羞
慢条斯理	自命不凡	迷糊不清	漠不关心
易怒	忧虑	不友好	没兴趣

对外向者的常见偏见（不负责任）

烦人	引人注目	自以为是	扎堆
一无所知	筋疲力尽	自我中心	假装
不恰当	不敏感	爱冒犯	咄咄逼人
大嘴巴	摆布他人	吵闹	八卦
没耐心倾听	固执	没完没了	圆滑
自我陶醉	自我驱动	浅薄	无耻
显摆	肤浅	聒噪	信息过多

不需要非得专家级别才能发现这些描述大都稍有负面。不过，当然欢迎所有专家参与发表观点。

上面罗列的偏见要么用词不当，要么出于假设，都经不起实践检验。“2大于1”没错，这是书上教的常识。但是，不能总从书本知识出发。就像流行乐队The Lemonheads（柠檬头乐队）有句歌词“忘了还可以用脑”①，一语中的。

事实证明，“害羞”“开朗”等标签，与内向和外向没有直接关系。有性格开朗的内向者（我就是！），也有感到害羞的外向者。内向者可以友好随和，外向者可以深思熟虑。外向性格、中向性格、内向性格都有天生的优点，试图东施效颦只会一败涂地。

说清了基本点，我还得声明一点：

---

① 出自The Lemonheads专辑《It's a Shame About Ray》中的《Rudderless》（由大西洋唱片公司1992年发行）。

内向者不需要治疗！

每个人做好自己，去挖掘天性，而不是扼制天性，就能海阔天空。

 内向者速成课

跟着我念："内向不是病态！"写下来也行。无须多言，别扰乱思绪。

还记得第一章里提到的内向者三大特征吗？这些特征优秀极了，构成了内向国度显著特征的基石。你就属于这一精英分类。

内向是指内在状态，而不是外在所见。

只有最聪明的观察者，才能发现内向者的内在动力。

案例笔记

识别内向者

怎样才能在人群中发现变色龙一样难以辨识的内向者？这的确有难度。总的来说，似乎内向者更容易看出谁是外向者，反过来则不然。一个畅所欲言分享自己事情的陌生人是来自外向国度的，极少会让内向者感到惊讶。

而旁边的人是否来自内向国度，却很难十足确定。下面是由真正的内向者提供的内向群体的显著习惯：

- 没说去哪儿就蒸发不见了，之后又重新出现。
- 做了大量笔记，发言之前先提及一下。
- 出差时，吃早餐坐在最拐角的桌子。
- 晚上的议程和活动若能选择就不参加。
- 即使对方已经分享了很长时间，也不愿分享关于自己的一丝一毫。
- 善于倾听他人的意见，但是自己的观点非常坚定。

有次研讨会上，有人问性格是否会影响工作场合中同事间打招呼的方式。于是我问大家在走廊里遇见时如何打招呼。一个强烈内向的人回答说："挑下眉毛。"多么经典！我们都笑开了。

和我一起来快乐探索吧！探索征程中有点耐心，安静下来，打开手机相机，带点幽默感。内向者在最不经意间就会突然出现。

内向者先想后说（善思）

内向者处世时会反复回顾初始印象和认识，因此需要点时间才能对新信息和请求做出恰当反馈。内向者也可以不假思索地回答，但是反馈可能会不准确或不全面。

如果投缘，内向者会相当健谈，对方是内向、外向或中向性格都无所谓，志趣相投的人互相吸引，截然相反的人也相互吸引。想想某次你发现与谁合得来，有没有奇怪自己居然那么能聊？内向者不一定就安静沉默，他们话多话少会因人而异。

案例笔记

你还在听吗

我和一个未曾谋面的新客户打电话。我问了个问题，他停顿了很久，久到我以为掉线了。不想打扰他，我就等呀等，最后还是尴尬地问了句："喂？你还在听吗？"

"嗯，"他极力解释，"我嘴巴比脑子慢半拍。"叮当！内向者迹象，我暗自想到。几周后，我跟他说了他内心活动时我的内心反应，我们都笑了，真是内向者交流时的典型情况。

内向者思考深入（专注）

内向者能完全投入工作，忘乎所以。对于兴趣坚持不懈，对于交友十分谨慎。人际交往中，内向者注重与较少的人进行较深入的互动——这样更可能培养长久关系。

内向者不习惯正在进行的事被中途打断。他们埋头一个项目被硬拉出来时会吓一跳，他们和项目像是同步一体的，一旦投入其中，自己也变成了"任务"，就像宇宙不停运转一般。一个外向者飘过，兴冲冲地问他要不要一起出去干点什么。他拒绝了，然后他就想不起来刚刚做到哪里了。一切结束，运转终止，只能说拜拜了。

事实上，当一个外向者朝一个内向者的小世界伸进头问：“嗨！咋样？”内向者真想回答：“挺好的，只要别问我做得咋样就行。”

内向者独处获得能量（自立）

内向者是内在导向型，也就是说他一个人就能满血复活。内向者渴望独处时间（自我时间），自我时间不足就像没有氧气就无法存活一样，会导致疲倦、失衡、难以呼吸、焦躁不安。当储备的能量耗尽了，要想内向者高效运转，就要给他们足够的独处时间。尊重内向者这一需求，他们在应对交际等社会需求时才能有良好表现。

以下三种情况也能让内向者恢复能量：第一，和好友或家庭成员在一起能让内向者充满能量；第二，在公共空间做自己的事情也可视为高质量的独处时间，这对内向者来说再正常不过了；第三，人际交往时，内向者更喜欢一对一交流，而不是一堆人聚会。

内向性格的优点：

- 观察细致入微 → ■ 擅长捕捉微妙的言外之意。
- 天生独立 → ■ 为自己着想。
- 关注内在 → ■ 对外在不太在意或不太关心。

内向性格的缺点：

- 高度注重隐私 → ■ 外向者会感觉与内向者的关系不稳定或只是单方面有好感。
- 难以处理被打断的情况 → ■ 适应即兴交流是社交必要条件。
- 闲聊耗费精力 → ■ 开个玩笑可能就让内向的人筋疲力尽。

外向者速成课

乍看之下，外向者似乎天生是社交高手。在我教的“内/外向者社交课”上，内向者对有外向者自愿参加这种课表示震惊。外向者难道不是非常擅长社交吗？

然而内向者和外向者自愿参加的比例基本五五分。

课程从开始就分有两种性格，这是我们课程的出发点。

结果发现，在社交方面外向者有许多东西要学——从内向者身上学习！震惊吧。课程打碎了一个个偏见，大家会发现外向的人也有社交障碍。

平时遇见或交往中的许多人都是外向性格。所以，调整好状态，全副武装，拿起笔记，（如果你不是外向性格）来了解下“外向者”这一神秘“物种”吧。

没有哪种性格更好或更坏，只有加深了解，才能更深入领会他人的表现。准备好踏入外向国度了吗？

内向者眼中的喧嚣，对外向者来说是首交响乐。

欢迎进入外向国度！

案例笔记

团队合作

分配任务时，我有时将内向者和外向者区分开来。内向者一开始就会问：“需要小组合作完成吗？”我回答需要。内向者就会清楚地分类列出几条个人观点及对小组的贡献点。

与此同时，外向者快速聚集起来，大声呼喊，无所顾忌。他们之间没有提前问好是否同意，也没有人感到有所冒犯，都兴高采烈、积极参与。他们很快开始主动分享观点，宣布“开始啦！”

内向者想分享时，首先会跟小组成员确定下，确保没人介意其发表观点。举手发言时也不大声叫喊，根据罗列的简要几点进行详细陈述。他们会对每个贡献点都做出解释，不掺杂任何个人色彩。

这种情形在数百场课程中反复出现，结果也惊人一致。

就这个话题，我想一次性彻底打消大家认为内向者不善于团队合作的偏见。是时候平息这个不当谣言了。天真的人（给他们看这本书）容易接受一种错误逻辑，认为内向者是内在导向型思维，所以无法与他人良好合作。其实不然，内向者关注细节、思维创新、具备透过表面看本质的出奇能力，是杰出的团队贡献者。

我也要承认一点：在团队里，内向者更喜欢任务分工后独立开展工作。

外向者边说边想（善言）

外向者是言语处理型——通过讨论来理清思绪。通过这点将内外向两个世界区别开来。说得明确点就是：外向者边说边思考。这点与内向者在本质上有所不同，外向者与内向者的大量区别都来源于此。

外向者通过说出来理清观点，所以外向者最初表达的观点，过一会儿可能就大打折扣。他们对说出的话不一定坚持不变，只是通过大声说出来发现内心真正所想。

这与来自内向国度的人有重大区别，内向者说话之前会仔细斟酌。可以想象，这会造成内外向两个世界间多少困扰。

外向者思维宽广

内向者喜欢对项目工作和人际关系进行深入挖掘，外向者常喜欢多样化体验，涉猎广泛。

外向者可能对许多领域都表现出真正的兴趣，即使兴趣时间不长也还是如此。外向者喜欢融合了多种刺激、多种活动、多样选择的环境氛围，越多越好。

这一倾向使得外向者在人多的社交场合如鱼得水。

在外向国度，丰富多样让生活趣味十足。

外向者与人互动获得能量（合群）

外向者通过社交获得能量。没错，他们通过交流就能充满活力。对于喜欢平淡的内向者来说，寒暄都累得不行，所以他们很难理解外向者这一点。不过，有些内向者虽不情愿但也承认，其实他们很羡慕外向者这一特征。

在我的课堂上，外向者经常宣称“我和谁都能聊，什么都能聊”，内向者听得目瞪口呆，像是看到了UFO着陆一样。

外向性格的优点：

- 随时互动 → ■ 轻轻松松加入对话。
- 各种环境中都很自如 → ■ 不同环境下都能自由自在。
- 不把嫌隙或冷落放在心上 → ■ 极少认为是针对自己。

外向性格的缺点：

- 不善跟进 → ■ 更喜欢此时此刻而不是最后总结。
- 信息过剩 → ■ 会滔滔不绝或说些细枝末节。
- 毫不顾忌地分享私人信息 → ■ 在私密问题上门槛较低[①]。

你“真的”缺少社交吗

领英、脸书、推特等网络平台，对于内向者和外向者有着不同的含义。不断扩大社交范围、达到前所未有的广度和

---

① 一个外向的人看到这个缺点总结时表示抗议：“公开分享私人信息也有错？怎么能算缺点？”鉴于言论自由，也要倾听这个观点。思考一下这个问题的正反面。

规模，能让外向者兴奋不已，他们自然每天都去网络平台上更新信息。而对于内向者来说，在线保持活跃是件烦心事，是增加负担。

“社交超人”通常指有海量社交联系的人。外向者更容易被贴上这个标签，因为他们通常有着更广泛的商务联系和网络联系。

因为内向者重视深度——一般表现为关系为数不多但更为稳固——所以内向者不可能把几百个人都当作朋友，对内向者而言，“朋友”这个词只适用于经过筛选后的少数人。而且内向者与每位朋友的互动都是特别的，因而维护关系的成本相对较高。

那什么样的人是真正的“社交超人”？是有着海量在线的虚拟朋友、通过简单点下发送键来更新状态的外向者，还是朋友虽不多但多年来一直培养着亲密关系和信任感的内向者？

社会科学家表示，一个人不可能维持数百个朋友，更别说上千个了。一个公认的标准——邓巴数字[①]，揭示了人类能驾驭的社交网络人数是150人。

我们来解构下“社交超人”这个词。“超”一定表示量

① 即著名的150定律，由英国牛津大学的人类学家罗宾·邓巴在20世纪90年代提出。该定律指出：人类智力将允许人类拥有稳定社交网络的人数是148人，四舍五入大约是150人。

大吗？是否可能指表现优秀？时间是有限的，数量越大必然导致社交越肤浅。

超（作为前缀）：超过，数量、质量或程度高。

社交：1.连接。2.建立良好关系，沟通。

——《牛津英语大词典》

“超”作为前缀，可以指数量更多或质量更高。动词“社交”可以指简单加入（一个聚会、社团或集体），也可指建立长久亲密的关系。社交的广度或深度能匹配得上前缀“超”吗？没有正确答案，要看各自的观点和偏好。

因此，是否给自己或他人贴上“缺少社交”的标签，取决于你怎么定义。追求高质量的亲密关系没有什么不好，你完全可以将“缺少社交”的标签替换为“范围不大但关系深入的社交超人”。

第四章

我们为何抗拒社交

友善吧，

你遇到的每个人都在进行着伟大的斗争。

——斐洛

小测试：

你为什么讨厌社交？

1.浪费时间，毫无价值。

2.骨子里讨厌。

3.没有能力，就是这样。

答案：

2.深入骨髓！天生就讨厌。

社交猛于虎

假设你参加一个社交活动迟到了半小时，一进去就被满屋子喧闹声和嘈杂声包围。你心跳加速、血脉偾张、肾上腺素飙升（没错，其实都是一回事），好像还捏了一把汗。

虽然刚来一会儿，你已经不由自主地目光飘向手表。为什么来参加这个活动？你肯定有个合理的逻辑，但是你已经想不起来了。你讨厌这种场合，不喜欢假惺惺，不喜欢空话连篇。想想要是没来，一个人待着多好——哪怕随便读本关于社交的书也比来这儿好。这个要求不高吧！

你模糊地想起大学时参加过的压力管理研讨会，老师说压力大时就深呼吸。这个建议烦死了。要是老师在这里的话，你肯定会告诉他你觉得深呼吸这个建议多么荒唐。

停一下。

我们把回忆继续延伸——比大学活动早得多，早到剑齿虎出没的早期人类阶段。自那时起，环境已经翻天覆地，但人类生理并未完全改变。早期，人类感到危险，比如生命受到威胁时，身体反应会迅速进入“战斗或逃跑”状态。

我们人类并没有从这个状态中走出来。

快进到你正在参加的社交活动，当你身处不适状态，大脑认为这个活动具有危险性，身体反应就像有只剑齿虎可能随时会从墙里跳出来一样。虽然不会真的出现这种情况，但你的生理反应还是反射性地呈现出“战斗或逃跑”状态。

大部分血液会涌向身体末端，准备战斗或迅速逃跑。是哪儿来的额外血液？好问题！正常状态下，大脑将血液贡献给了四肢，血液外流后，大脑无法清楚思考。当突然有人和你友好地打招呼时，你的反应变得很迟钝，原本活泼的你不见了。

我本不想说这句陈词滥调，但是“做下深呼吸”这句话是有道理的。压力下，生理上血液流向肢体末端，呼吸就会变浅，没有充满肺部，有时甚至无意识地屏住了呼吸。随着大脑血流耗尽，理性思维急转直下。

深呼吸可以让氧气抵达胸腔下面的横膈膜，从而改善血液循环。深呼吸可以放松身体，当紧张减弱，正常血液流动恢复后，思维就会清晰起来。发言前我通常会找一个安静的地方，有时候卫生间就完全足够。深呼吸几次，思维就能变得清晰敏锐、快速高效。深呼吸可以随时随地进行，而且免费，简直棒极了！

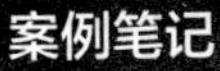

绝对天才

我曾在门萨国际会议上发言，透露一句，在我后面上的一位演讲者大谈特谈《大众弦理论》，这的确是一场让人“晕乎所以”的活动。

当时，参会者住在好几个酒店，第一天早上我坐接驳车到会议中心。我想悄无声息坐到后排去，结果立马被发现了，我忘了名牌上黑体大字写着“演讲者”。有位外向者似乎有备而来，扑通一下坐到我旁边，问我演讲主题是什么。

“社交技巧。”我尴尬地说，很没有底气。她看起来不信。

到了迷宫一样的总部后，我立马在咖啡厅找个偏远角落坐下，品着咖啡准备之后的发言。像上帝开了个玩笑，那个活泼的外向者又出现了。她站在桌子对面笑道：“所以，这就是你开始社交的方式喽？！”她指着我旁边空无一人的座位。

我点头承认：“是的，正是如此。”

外人看到这幅景象可能会想：哦，这是一个孤零零的内向者。

但事实上，正发生的是：一个人正在有计划地储备能量，以求待会儿能够展现出最佳状态。

寻找棕榈树

当你觉得自己老是不知所措或缺少社交，宁愿接受一场根管治疗，也不愿和一群陌生人闲聊时，也许你会自责。

事实是，对大部分内向性格、中向性格，甚至不少外向性格者来说，一般的社交建议都没有效果。我们常误认为，“那样就能成功社交？看来我还不会社交。”似乎那些老生常谈的建议是个绝对准则，我们普通人没有什么能做的。其实，仔细研究就会发现，事实并非如此。

假设我住在迈阿密，写本关于如何找到棕榈树的指南。我可能会写：“出门，走一走，抬头，很快就能看到一棵。”对佛罗里达人来说这是个合理建议。但如果在爱达荷州博伊西的一个人想要寻找棕榈树，买了我这本指南会怎样？他会很认真努力地遵循这本指南，等走了好几个小时，会绝望地发现一点用都没有，接着打道回府。他会下什么结论？很可能会讨厌寻找棕榈树，因为他非常不擅长。他会灰心不已，发誓未来不惜一切代价也要避免找棕榈树这件事。他会非常自责，认为找不到是自己的问题。可能要很久很久以后，他才会意识到，这本书根本就不是写给他的。

就像这本虚构的寻找棕榈树指南一样，有些社交建议本质上并没有问题，而仅仅因为它针对的是人群中某部分人，其他人就被冷落了，漫无目的弄不清楚什么原因。

说一个人“不善社交”变成了说他“不善外向”，这就像我明明是左撇子，却说“我不善于用右手写字”。为何不专注于成为一名有天赋的左撇子呢？为何对抗自己的天性？

想换个思维方式？我也想！首先，接受真实的自己。然后发挥自己的优势，颠覆当前体系！

案例笔记

控制内心的潜台词

多年的台前工作教会我很多，首先就是怎样控制内心的潜台词。

回忆下最近你在看一部电影、一场演出或一集电视节目时，想着“演员演技真好！”再想想有次你也觉得“演员糟透了！太假了！”如果你没有专业经验，怎么能区分你看到的演技是好是坏？就是凭感觉判断？

高质量的表演形成的主要因素在于演员的内心状态。演技蹩脚的演员只靠死记硬背台词，结果演出平平淡淡、表演假惺惺的，这是因为演员脑袋空空，内心没有想法。演员只是在背诵台词，并没有真正融入角色。

一个追求完美的演员，在天才导演的指导下，会坐下来研究台词，即使角色没有台词，也会琢磨角色每一秒钟在想什么，这就是“潜台词”。台词是剧本，是说出来让我们听到的。潜台词通常与台词不同，听众可能永远不会明白，但是会有种可信的复杂感觉。表面上，台词可能是“递下胡椒”，但角色真正想的可能是“我疯狂爱你！”深层次的言外之意决定一切。

表演中的潜台词统称为“内心独白”，这种持续的思想活动让角色栩栩如生。

反过来，生活亦是如此，我们说话时也有潜台词。虽然我们能调整内心独白，但除非极其擅长思考，否则根本无法消除内心独白。我们睡觉时，内心独白就变成了梦境。

控制“自我对话”，也就是潜台词，影响着我们如何解读和回应他人。在人际交往中，我们的内心想法必然影响到我们外在表现的好坏。

灾难化思维

灾难化思维是我最感兴趣的认识误区之一，是受剑齿虎威胁的早期人类反应到现代后的变种。当发生了一件大事时，你并不会主动思考，而是激动不已地开启灾难化思维。简而言之，你会把短暂挫折变成全面灾难，陷入凌乱情绪中。

重构社交

不管你是喜欢、是忍受还是讨厌社交，都与你的内心独白直接相关。转换思维模式，永远都不算晚！你只需要一些意志力就行。

接下来，我会提到“重构”这个词。就像很多好的概念一样，这个词毫不夸张又广泛适用。想象一下，你拥有一个普通铁质框架的画作。有一天你想重构它，选了个有吸引力的定制画框，突出这幅绘画的色彩，这件艺术品看起来就变样了，这就是“重构”。

我们根据自己的认知和过去来构建起经历，而尝试一种新的认知架构能极大改变我们对事对人的看法，简单来说，转变观念能引起反馈和行为的变化。对于对社交深感压力的人来说，“重构”这一概念比较实用。

为什么会认为自己社交能力偏弱?

因为许多人将社交与一个特定空间联系在一起：接近陌生人，无聊寒暄，随意分享个人信息。

何不重新构建“社交”一词，将其定义为提供机会去建立有意义的联系，在此过程中需要深思熟虑和心思细腻。你觉得自己具备这些能力吗？这有改变你对社交概念的本能意愿吗?

我有个认识多年的同事是中向性格，聊天时她会神采奕奕地寻找机会融入。但是她并不愿意聊自己的事情，虽然她非常专业，能力也无可挑剔。最近她说出了原因：“我不喜欢请求别人。”

我问：“等等，你难道不相信自己能在倾诉中有所贡献？”

其实，她需要学着把“请求”这种想法替换成“贡献”。重构社交，是将人际交往视为合作的机遇，同时促成他人的成功，而不是简单视为求得帮助的机会。

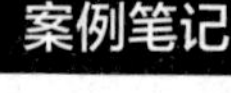

一位内向者的晋升

当时我在培训一家国际贸易公司的副总裁，他的直属下级和关系好的同事用了一连串的“最”来形容他，让我遗憾的是，经过一番询问，我发现自己几乎无法找到帮他进步的空间。然而，他的职业生涯几乎停滞不前，我们就此进行了探讨。

他说他不擅长推销自我成就。他认为自己在组织方面能力不够，怀疑高层领导不知道自己的优点和业绩。

的确如此，他总是错失晋升机会。他认为自己是一个内向的人，具有内向者的典型特征。尽管受到信任他的同事的普遍尊重，但他需要把自己的价值传达给高层领导。由于在他这个国际公司里，几乎没有面对面和高层开会的机会，所以我鼓励他每半年向领导发送一次进度报告，内容都要罗列在一页以内。

接下来在年会上，他决心向少数目标对象（高层领导）介绍自己，和他们建立起私人联系，及时跟踪他们在公司的新成就，向他们发送感谢信，并不时询问新的晋升空间。一年后，他得到了升职。

“其实你可以贡献很多”，让这种观念渗透进你的人际关系网。

自我对话

你是否从心理上就把自己打败了，认为自己无趣、没有价值、不自信？你每天意识流里都回响着什么声音？

自我对话是指出现一个主题后，我们脑海里是如何进行自我沟通的。自我对话有时会给事情蒙上消极色彩，有时又会强调积极的一面，如同下文：

消极的自我对话	积极的自我对话
■ 糟糕透了	■ 可控
■ 令人失望	■ 受到鼓舞
■ 情绪化	■ 深思熟虑
■ 夸大	■ 务实
■ 前景黯淡	■ 心情愉快
■ 条条框框	■ 思维发散
■ 受害者心态	■ 学习者心态

有人认为消极的自我对话可能更为真实，赶紧打消这个观念吧！恰恰相反，消极的自我对话通常会夸大事情的负面影响：

“太可怕了！我肯定搞砸了，再也不行了。”

而积极的自我对话通常会具体化：

“我期待事业上有所变化，所以要去参加一个产业活动。没错，刚进去一会儿我就把蔬菜汁滴在白色衬衫上了，还在介绍自己时不小心说成对方的名字了，因为我当时看着他的名牌走神了。不过我克服了困难，我没有逃跑，毕竟每个人都有搞砸的时候。我之后会好好改进，弥补一下。”

消极的自我对话总是让你陷入自责之中，而积极的自我对话则会使你承担起责任，从受害者视角转变为学习者心态。

前者的潜台词往往是：“怎么会发生这种事！”后者的内心独白则是：“我能学到什么？”

想要把消极的自我对话模式切换为积极的自我对话模式，不妨试试下面的方法！

行动起来

另一半

回忆一下自己某次消极的自我对话，把事情经过写在左栏，事情前后自己所有的消极想法写在中间那栏。

现在，换个角度，想想积极的一面，将其写在右侧修改栏。转变内心态度会有什么影响呢？如果你身边有朋友的话，可以和朋友一起来做：两人写完第一栏和第二栏，然后交换，看对方所写的内容。帮对方填完最右侧“修改”一栏后，再次交换、讨论。

事情	自我看法和消极的自我对话	改成积极的自我对话

举个例子，下面是那位“蔬菜汁滴身上搞砸了社交”的伙伴的案例。

事情	自我看法和消极的自我对话	改成积极的自我对话
■ 我想寻找工作突破，参加了一个有着重要人士的社交活动。我是下班后直接过来的，结果迟到了，我很饿，进去后不一会儿又把蔬菜汁滴在衬衫上了。后来我向一个行业领导介绍自己时又把自己的名字说成了他的名字。我向他要了名片，然后就结束了对话，不久我就离开了。	■ 他们非得在高峰期搞建设，弄得我参加这个该死的活动晚了半个小时，我可是花了40美元才参加的！饿死我了！我像个傻子一样，端杯蔬菜汁想缓解下饥饿，你猜怎么着？全洒在我的白衬衫上了。尴尬死了，当我心不在焉的时候，一位大佬走过来向我伸出手，我介绍自己时却看着他的名牌说成了他的名字。他肯定想不到我能傻成这样，他的眼神都表现出来了。我问他要名片时，他可能觉得要是没带就好了。	■ 我向着寻找工作突破迈出了切实的一步，为自己感到自豪。遇到了堵车，我学到了要早点走。蔬菜汁滴到了衬衫上，用餐巾纸擦掉了一大半，其余的藏在领带后面也基本看不出来，下次参加会议之前我得缓解下饥饿。开心的是，这次活动的组织者主动过来向我介绍他自己，我介绍自己时把自己的名字说成了他的名字，有点失态，我俩都笑开了。明天我得给他写个感谢信，可以幽默地提一下这件事。

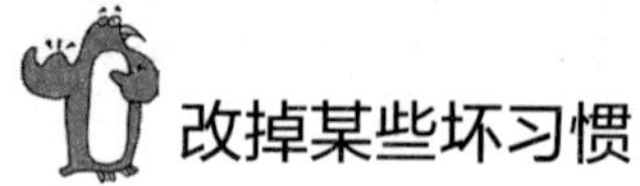

改掉某些坏习惯

比起刮掉粘在新买的玻璃器皿上的价签，甩掉坏习惯似乎更难一些。消极的自我对话虽然很难摆脱，但可以按照以下提示逐步改善。

1.消极的自我对话普遍存在，还会反复。不要急于否定这种消极的自我对话，能懂我的意思吗？

2.不要试图终止所有限制性想法，一开始我们只需要增强意识，意识到消极的自我对话是需要改变的，这是我们要做的第一步。

3.大脑可以“做”一些事，这也意味着有些事它不能“不做”。去问问认知学家你就知道了，如果你老是想“我不该有那些消极想法”，这是没用的。你应该听过一个著名的心理实验——“不要去想一头粉色的大象”，如果没听过也没关系，我解释一下，参与实验的人被要求不要去想一头“粉红色的大象”，结果没有人能够做到。当你给自己消极的自我暗示时，不如先从练习改成积极的方式来应对。

努力是值得的，改善自我对话全在你们杰出的脑海里即可，所以几乎不需要投入。积极的自我对话能够改善认知、改善态度、改善情绪，当方方面面都获得改善，自然会传达出更加自信的自我形象。

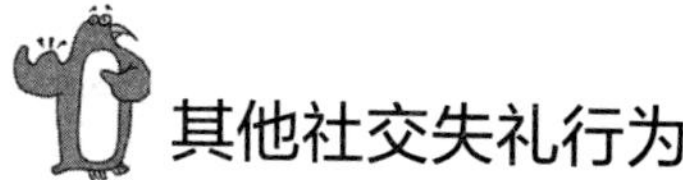

其他社交失礼行为

在数字时代，礼仪举止非常重要，不管你是出于多好的意图，不当的举止都会让你的社交效果大打折扣。数字时代的互动有着诸多风险，遵循一定的指南，才能避开社交雷区。

1.如果不确定原发布者是谁，绝不要转发其邮件或信息。因这一疏忽导致的事业下滑案例，我见了不止一次。

2.除非明确要求，否则不要“回复全部”。没人想淹没在一堆“回复全部”里。

3.如果不想让不希望的人看见某信息，就完全不要对外发布。

4.重要信息发送前检查下，或让一个信任的人帮忙看看或修改。

5.火冒三丈时绝对不点发送键，心不在焉时也不要发。有些软件能延迟信息发送，防止发布者后悔。一旦误点发送，就有好戏看了。

6.无论何时电话放外音并且其他人也能听到时，开头都要向通话方表明这一情况（外向的人尤其需要注意）。

7.文字信息不要用情绪化的词语，这类词语极容易造成误解，敏感话题尤其如此。

要知道在什么时候、以什么方式结束一场网络社交对话，不要做无休止交流的那一方。在交流中自然结束对话：

- 到时候见。
- 我会发个日程邀请。
- 除非我听到不同意见，否则我们继续就好。
- 不必回复。

作为接收方要心怀感恩。如果收到一份文件，马上发“谢谢，已收到”或者“感谢您抽出时间”，加上这些感情色彩能弥补交流空白。如果我接到要改一篇文章的要求，时间非常紧迫，我花了大量精力，却从未获得反馈或者感谢，我脑海里就会认定自己的付出没有价值，这会令人不快。

给外向者的一点建议：心直口快既有好处也有风险。我参加过一个课程，老师深受爱戴，但因为和一个新学生开玩笑而被开除了，因为新学生不习惯老师的这种幽默讽刺，所以对老师产生了误会。还有一次，一个顾问因自己人际关系很广，非常自豪地夸夸其谈了一些与工作无关的内容，最后客户崩溃了，合同也终止了。

大家要留心这些潜在陷阱，这有助于维护我们的良好人际关系。

第五章

再见，黄金法则

我认为合得来的人就是与我观点一致的人。

——本杰明·迪斯雷利

小测试：

为什么内向的人会有完美主义倾向？

答案：

关注内在，沉思感悟，故而追求完美。

白金法则

当被问到如何善待他人时，大多数人都会引用黄金法则给出的建议。语言有多少种，黄金法则可能就有多少个版本，但可以概括为：

> **黄金法则**
>
> 你想如何被对待，就如何对待别人。

为什么不这么做呢？这样做很符合逻辑呀。但是完全遵守这个黄金法则，会发生什么呢？

性格内向的波希亚和性格外向的格伦在同一个部门工作，两人都对黄金法则深信不疑。一次，他们一起参加了一个社交活动。

外向的格伦到达的时候，房间中已经有一堆人了，他兴冲冲地加入他们，还拽着内向的波希亚一起。格伦知道人多的时候波希亚不太活跃，不过，他喜欢波希亚，希望她能玩得开心。后来大家聊到“演示时的那些糗事”，格伦就想起了波希亚昨天的一次小失误。于是他说：“嗨，波希亚！跟大家说说你昨天那桩趣事吧！”格伦没有恶意，觉得说出来不会造成什么严重的后果。可这时，波希亚内心惊慌失措，她最不愿做的事就是当着一群陌生人的面讲自己的糗事。

现在让我们把视角换到另一个场景，还是波希亚和格伦一起参与活动。波希亚性格内向，社交的时候能敏感地觉察出哪些话题可能涉及个人隐私。几个刚认识的新朋友让他们分享一下最近工作中所取得的成就，波希亚知道格伦最近表现也很出色，但是她犹犹豫豫，最后也没提到格伦，因为她怕格伦觉得这涉及个人隐私。但是格伦很生气，因为波希亚在分享自己的工作成就时没有提起他。

两个场景都是黄金法则应用的典型案例：两个人都在用自己期望被对待的方式去对待对方。结果呢？两个人最后都不开心。

因此，我建议采用一个更新更好的法则：白金法则。

白金法则

用别人期望被对待的方式去对待别人！

白金法则在人际交往与人际关系方面做出了突破，更加成熟，对内向性格者、中向性格者和外向性格者更是如此，嗯，就是所有人。

与黄金法则相比，白金法则显然需要投入更多的精力。如果我采用黄金法则，我自始至终行为保持一致就行。做到这一点很容易，我按照自己喜欢的方式去对待所有人就可以，但是因为偏好和观念上的诸多差异，大多数时候遵循这个法则事倍功半。而采用白金法则，需要注意下面两个高难度的技巧：

1.运气好的话，我可以猜出别人的嗜好。

2.我可以通过调整与他人相处的方式来加深关系。

采用白金法则需要遵循“不能一刀切”的原则，因为不同的人爱好不同，所以期望别人做出改变来与我们步调一致并不现实。大多数人都缺乏技巧或意识，不知道如何灵活使用白金法则。

不要绝望！有我在，我会为你出谋划策。没有必要做到自始至终都十分完美，即使有些瑕疵，白金法则也会让你受益无穷，会使你和他人的关系不断融洽，朋友纷至沓来，你的努力终有回报。

在理解内向国度与外向国度的区别之前，一个人很容易对与自己观念不一致的行为产生抵触情绪。但是现在，熟悉两者的不同可以消除偏见，不去评头论足或愤懑不快，而是轻松愉快地感恩相待。

变身侦探

想象自己是一个总在寻找线索的侦探。人们总是给我们一大堆线索，这些线索里隐藏着他们的思考方式、行为模式以及期望被对待的方式。这些言语或非言语的提示，有助于调整我们与他人的交流方式，在社交中更有可能做出积极的回应。你可以随时随地捕捉非言语线索进行练习。这还有个额外的好处，就是你在开会或者排队的时候，再也不会感到无聊了，你会沉浸其中。

案例笔记

两个世界

在一次高层研讨会上，有两个年轻人向我抱怨他们的同事安娜“不好相处、性格不好”。谈起安娜，他们不停地摇头，她的种种行为让他们困惑不解却又无可奈何。说起安娜那些“屡屡再犯的行为”，他们说个不停，说到一桩事情的时候，他们更是激动万分：“我们有一个生日俱乐部，用来一起庆祝同事的生日，但是安娜拒绝告诉我们她的生日！”

这时他们停下来，明显是想得到我的认同，但是我突然意识到什么，问道：“稍等一下，你们说的安娜是在我们组的那个安娜吗？”他们说：“是。”

根据我的观察，安娜特别内向。她听讲很认真，有时会陷入沉思，在心里消化一下听到的内容。在我们两天的课程中，我发现安娜思维敏捷，为人真诚，且很有团队协作精神。

这两位外向的年轻人也是出于好意，不过他们想不明白，一个人为什么会拒绝参加一个善意的小组庆祝活动。安娜的拒绝显得格格不入，让人觉得她难以相处。他们已经不再和安娜讲话了。其实在安娜成长的地方，生日是个人隐私。工作中，小组生日庆祝活动会让人劳心劳力，流于形式。庆祝生日可以让外向的人轻松自在，但是对于安娜来说，这种方式难以适应且耗费心力。

我跟这两个年轻人解释：“对于社交活动和人际交往，不同的人有不同的理解。”我建议他们既不要排挤安娜，也不要期待她会认同他们对于开心的定义。我们讨论过后，他们也认同通过更好的方式，重新建立一段友好和谐的同事关系，比如会先从向安娜点头微笑开始，然后一点点努力。

后续收到的反馈令我很欣喜。

何为尊重

在做咨询项目的时候，我发现在小组讨论中，大家经常谈到“尊重”这个概念。参与者发自肺腑地表示：

- 我们需要更加尊重彼此！
- 她不尊重我。
- 大家都不尊重彼此。

■ **很明显，他不尊重别人。**

发生了什么？人类的无礼就如此无可救药吗？并不是。比起无药可救，事情要好解决得多。

“尊重”是个模糊的概念，很难用标准来衡量，也不容易界定。人是多面的，而尊重是一种主观体验。

举个例子，内向的玛吉请了两个星期的假处理私事。外向的同事玛丽萨想表示一下尊重，她按照黄金法则的方法，用她自己期望被对待的方式去对待玛吉。玛吉休假结束回来工作，玛丽萨高兴地冲过去，揽着玛吉的肩膀，大声说道：“嘿，玛吉！你回来了，我真高兴！一切都好吗？你如果想找人聊聊，随时可以来找我。”

你猜玛吉心里是怎么想的？她很有可能觉得被冒犯了。她跟玛丽萨并不熟。玛吉觉得玛丽萨这么热情不太合适，被一个不怎么认识的同事揽着肩膀，她很不舒服。并且她不太喜欢玛丽萨当着所有人的面这么高调地打招呼。

现在让我们转换视角。瓜波，性格外向，请了两个星期的假处理私事。他有一个同事，乔希，性格内向。周一早上瓜波回来工作。看到瓜波回来了，乔希想表示一下尊重，他觉得一个人请假明显是处理一些私事，不必大惊小怪，就用自己期望被对待的方式去对待瓜波。他礼貌地问了声好，好似一切如常。但是瓜波很伤心，他觉得“乔希真没有礼貌、冷漠无情。我们已经一起工作6个月了，我请了假处理私事，乔希却表现得好像我没离开一样。他只是在意我的工作产出，别的，他毫不在乎”。

你看出问题所在了吗？两个案例中，玛丽萨和乔希都没有恶意，他们都按照黄金法则，用自己期待被对待的方式去对待同事。但是两个例子最后都适得其反，玛吉和瓜波感到不舒服甚至觉得被冒犯了，都会反馈说对方不尊重自己。

而采用白金法则会如何扭转局面呢？

首先，玛丽萨和乔希要做到了解自己，这样他们才能理解自己与别人相处的方式。其次，他们还应该通过仔细观察同事的行为，推测出同事喜欢被对待的方式。有时候，他们可能达不到预期，但是他们会不断尝试。最后，他们会逐渐调整自己的交流方式，培养出调整社交风格的技能。第二章中介绍过“心理弹性”这个概念，在这里十分适用。

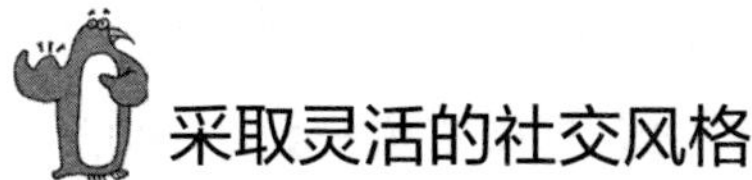

采取灵活的社交风格

这里区别很微妙：一方面，我建议“做真实的你”；另一方面，我建议采取灵活的社交风格，这是一个重要的社交天赋——在人格测试中叫作“脱离你本身的性格”。这两点看似十分矛盾，但又相辅相成。我们该如何做到这两点呢？答案在于一个人的内心和行为之间的联系。

你的内在动力一般是保持不变的。你就是你自己，是有意识地做出选择以修正行为。你观察力越强，为练习灵活社交付出越多，你就有更多的选择。

按照情境选择行为的能力越成熟，一个人与不同性格的人建立真实关系的可能性就越大。我和一些性格非常外向的好朋友保持着愉快持久的友谊，让很多人错以为我性格外向，原因就是我能灵活地改变社交风格，并且乐在其中。社交之外——我“充电”休息时——才是粗心观察者所忽略的。

你与神经递质信号

神经学家可以追踪大脑中的神经递质信号，它的传递过程是这样的：习惯性行为几乎都是自动发出的，意识不会参与其中，神经元释放出的递质信号会沿着不断复制形成的神经递质通路快速传递。

新的行为会尝试改变旧的行为模式，神经信号传递没有稳定的神经递质通路，传递过程更加坎坷，所以就不具备上述快速传递的优势。

比如本来你是从正门回家，现在你要从自己家侧面的厚墙进入家中，得使用摧枯拉朽之力打碎墙面，打出另外一条新“路”。这个比喻就比较接近已有习惯与改变行为之间所付出努力的区别。

读到这里，你可能有点泄气。但是先别着急！虽然困难重重，但是依然有方法可循。

做出接近触发点的行为，可以大大增加新的行为习惯养成的可能性。首先，你需要了解你的目标。你想改变哪个习惯？跟朋友或同事说出你的想法。写下并说出你的目标是第一步，有利于开辟新路。想起来了吗？这还能促进“心理弹性”！

一旦建立起几条新的神经递质通路，保持自我的同时灵活调整社交风格就变得轻松许多，因此引爆这些微小信号的回报可能是巨大的。培养新行为的更多方法请参见“战胜目标”（第八章）。

双臂环抱

试试这个动作，让灵活社交风格成为本能——站起来，什么东西也别拿。（也只有这一次，我会让你放下这本书！）甩甩胳膊，全身放松，现在自然地环抱双臂，和平时环抱双臂一样。将这个姿势保持一会儿，留心什么感觉。

再甩甩胳膊，环抱双臂，胳膊叠放顺序与第一次顺序相反。加油，可能不容易完全做到。第三次甩动胳膊，自然交叉双臂。再次甩动胳膊，尽可能幅度大一些，踢踢腿、跳一跳，没有人看你。要是你在博物馆的话就算了，因为你的动作可能会为这本书吸引一大批读者，当然我也不会拒绝。

最后一次，环抱双臂，两臂交叠顺序与第三次相反。

A.用三个词来描述一下你第一次自然环抱双臂时的感受。

1.____________________________________

2.____________________________________

3.____________________________________

B.现在用三个词描述一下你第二次交叠双臂的感受。

1.____________________________________

2.____________________________________

3.____________________________________

C.第二轮做这个动作的时候，改变双臂交叠顺序是否容易一些呢？圈出你的回答。

是　　　　　　否　　　　　　容易一点

D.如果改变双臂交叠顺序对你的职业发展和个人成长至关重要，你是否会选择学习这个动作？圈出你的回答。

会　　　　　不会　　　　　也许会

分析

灵活调整社交风格很像这个练习。当你自然地环抱双臂时，这个动作是自动发出的，意识没有参与其中，这就等于你的行为遵循了自身性格模式。

当你需要调整双臂顺序交叉双臂时，你必须下意识地思考如何摆放你的手和胳膊。培养新的行为与这个道理相同，都是为了培养新的方式。当你第一次尝试灵活调整自己的社交风格时，你的感受与你对B问题做出的回答是一样的。

调整双臂的交叉顺序，对一些人来说很有难度，但对另外一些人来说就易如反掌——双臂都很灵活的人做这个练习毫不费力。同样的，中向性格人群变通自己的社交风格就会得心应手，在内向和外向之间切换相对容易。一个过于内向或者过于外向的人，要做到灵活调整自己的社交风格就要付出更多的努力，但是成功仍近在咫尺。性情反映个人偏好，但不代表能力的大小。

这项实验会使灵活变通个人社交风格变得越来越简单。如果变通个人社交风格对你来说意义非凡，那么平时你可以学习如何调整双臂顺序交叉双臂，以便在社交时灵活变通自己的社交风格。

案例笔记

掌握灵活社交风格，你就是社交达人

塔尼娅是一家全球100强公司的高级副总裁，在公司备受尊敬。她一直兢兢业业地为公司工作，踏实肯干，一步步得到公司提拔。有一段时间，经济形势不佳，公司做出明确指示：所有总裁，无论负责什么工作，都应尽力为公司招揽生意。塔尼娅对挖掘客户这种事一直不擅长，所以她决定还是尽力做好自己现在的本职工作。

过了几个月，她意识到有必要提高自己的社交和销售能力。于是参加所有的社交活动，和供应商约定每日都进行午餐会议，又或者参加每周行业会议来拓展社交圈。她有逼迫自己去做这些吗？没有。

事实上，她的精心筹划与传统的社交理念相去甚远。塔尼娅细心地翻看了自己的通讯录，只选择了一个人联系：她的研究生同学马克。她联系上马克，真诚表示希望安排一次会面，商量一下生意上的合作。塔尼娅相信马克也能从合作中获益，会面时这一想法也得到了印证。

当塔尼娅向公司的管理层汇报进展时，她惊讶地发现：多年以来，公司一直想与马克所在的公司达成合作，却一直未能如愿。几个月过去了，她的努力为公司创造的收益超乎预期。两家公司签订了价值百万美元的合同。塔尼娅很确定这是她在公司工作23年以来，为公司做出的最大贡献。

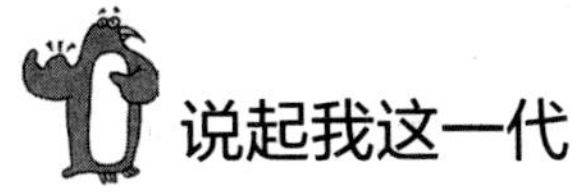

说起我这一代

不要被歌词骗了，我不会只说我这一代。但是为了保持神秘，我还是别透露年代信息了。

遵照白金法则，需注意那些内向和特别外向的人群，但是有很多其他因素会误导我们，比如年龄差距会影响我们的判断，从而引起误解。认识到这一点，会让我们保持警惕，对待别人的时候会更加友好。

代际不同

谈到代际不同，人容易变得精神紧张。因此我们的第一步就是对代际不同有所预期，而不是一直对其困惑不解。是的，正如你所见，生活经历会影响习惯。第二步，宽容地对待与自己性格不同的人。这些性格既不是缺陷，也不应被指责，都是人类的本性。

每一种规则，都会有例外。但是我们会关注大多数人行为上的共性，以此来了解不同年龄段的区别。我同意在每一个群体中，所有的成员并非一模一样（不过感谢提醒）。比如，一项新的科技出现了，往往会吸引第一批的使用者。这批人不分年龄，不分爱好，对新科技都十分热衷。但是渐渐地，不同年龄段的人有了不同的表现。认识年龄对行为的影响，会让我们对其他年代的人群更加宽容。对于年代划分，标准不一，下面是年龄段划分的大概标准：

婴儿潮一代：出生日期介于1946—1965年。

X一代：出生日期介于1966—1980年。

千禧一代：出生日期介于1981—1995年。

1996—2012年出生的是iGen也被称作Z一代。Z一代虽然还待定义，但也在刻画属于他们自己的印记。

会面礼仪。无论是外出社交，还是参加采访，每代人对于会面礼仪的观念都有所不同。千禧一代穿着随意，并糅合一些时尚元素做搭配。他们追求独立，批判社会主流的衣着风格。在工作场合，婴儿潮一代着装最为正式，即使是可以随意穿着的周五，他们也要打领带，西装革履。X一代着装居中，他们会内搭一件不系扣的上衣，外搭一件夹克衫，女性会内搭一条舒服的连衣裙，他们看重舒适度与实用性。

名片。“这是我的名片”——名片是婴儿潮一代和很多X一代社交的制胜法宝，但是千禧一代倾向于使用电子设备来与别人联系。不过聪明的千禧一代明白社交时会跟各个年龄层的人打交道，所以他们也会准备一些精美的名片。

后续联系。要联系新朋友时，每个年龄段的人采取的方式不尽相同。行为方式已经根深蒂固，几乎是出于本能。千禧一代喜欢发消息，打字速度飞快。X一代和年轻的婴儿潮一代都喜欢发送电子邮件，而年纪大一些的婴儿潮一代更喜欢电话联络。

信息风格。千禧一代会毫不犹豫地用一些表情符号和缩略语来进行交流，如TTYL（“稍后联络”）和LMK（“告诉我一声”）。X一代会有选择性地和关系好的同事交流时用表情和缩略语。很多婴儿潮一代则认为某些表情符号就已经满足日常所需了。

办公室。无论是在开放式办公空间还是在传统办公室中，千禧一代都喜欢紧盯着电子屏幕，同时至少开启三个电子屏幕的情况并不少见。X一代一般会同时使用一到两个电子屏幕——手机、平板或者台式电脑。婴儿潮一代有时桌子上什么电子屏幕也没有，但是会随身携带自己喜欢的移动设备。

“电话”与手机的分离。对于千禧一代来说，电话只不过是智能手机上一个不经常使用的应用。很多千禧一代都懒得设置语音信箱或者在语音信箱里留言。X一代喜欢使用文字与初次见面后的人保持联系。如果是远程通讯，人们越来越多地选择Skype（讯佳普）、Google Hangouts（环聊）和Zoom（云视频会议）等通讯应用来互相联系。婴儿潮一代更有可能把手机只当作“电话”来使用。

周末和假期。千禧一代几乎一刻也离不开网络。X一代忙于研发一种系统，来分离工作时间和休息时间。婴儿潮一代习惯在周末的时候不上网，外出度假，远离网络，休闲自在。

每一种风格都呈现了代际不同对价值观和习惯造成的影响。不过，不同风格会加深误解，甚至被用来给颠覆性动机正名。我们没必要吹毛求疵，可以用白金法则来解决问题。了解这些行为背后的原因，你会用欣赏的眼光看待对方，而不是为之烦忧，因为适合你的并不一定适合所有人。

喜好并不能反映一个人的能力，请不要根据年龄推断别人的能力。年轻不意味着天真无知，年老也不意味着与世隔绝。社交时，请尽量忽略人的年龄。

放慢脚步，慢慢靠近你的目标

当你真正利用起来自己的社交潜能，别人就会不由自主地被你吸引，簇拥而至。曾经觉得恐惧不已、不可能的事情，现在很容易就实现了。不过，也要注意停下脚步，适时休息。

即使外在行为经过不断练习已经养成并稳定下来，但内在喜好很大程度上还是没有改变。

不加控制地频繁与人沟通交流，会让内向的人身心疲惫。我个人就经历了很多次，一些我不认识的人经常找我聊天，这有点像我个人的小型真人秀，就像被置于众目睽睽之下，头上悬挂着一个巨大的牌子，上面写着“跟我说话！”，然后大家都在围观会发生什么。

对于这样的事情，你会建议如何应对？在这里写下你认为最好的建议。

____

____

____

____

很好，记住这个建议。当你社交越来越好时，可能会用上这些建议。

目之所及与心之所得

性格喜好是内在的，不易为外人察觉。在一场活动中，一个普通外人能看出谁是外向谁是内向，而发现不了他们的本质不同——例如他们缘何参加这场活动。也许一个是来突破自我，另一个只是单纯觉得活动有趣。不如你来猜一猜？

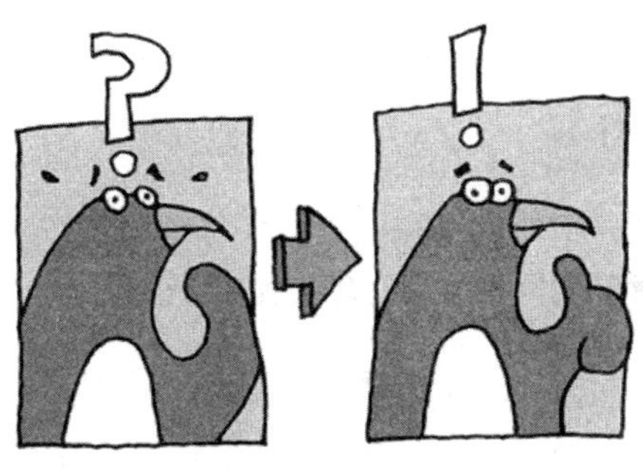

第六章
“3P法”助力社交之路

当一个人准备好做自己了，
那他就到达幸福的顶峰了。
——德西德里乌斯·伊拉斯谟

小测试:

判断正误:

身心疲惫的内向者可能会有点敏感易怒。

答案:

没错，美化现实毫无意义。学会没有压力轻松社交，你会感觉好些，表现更佳。

同样的建议，为什么能让一个外向者欣然接受，却让一个内向者无法承受？同样的体验，为什么能让一个外向者为之兴奋，却让一个内向者觉得不太真实、身心俱疲？

去找个外向者请教社交技巧，他可能会建议你多接触、多交流，在你的日程表上塞满活动。

一个内向者，如果亦步亦趋地遵循外向者给出的热心建议，那么会比烟火秀时舒芙蕾（Soufflé，法语动词souffler的过去分词，意思是“使充气”或“蓬松地胀起来”）泄气还要快；但是，同样遵循这个传统社交规则，会让外向者心花怒放。

精力有多少，就做多少事。如果一个内向者抓住每次吃饭的机会去社交，两周内就会累到崩溃。

一个内向的人因为社交累垮了，无异于抱薪救火。

我就喜欢自己单独吃饭，事实上，在我大学一年级整整一年里，我母亲常常打电话问我有没有朋友跟我一起吃饭。我的回答一般是“没有”，结果她一整年都在担心我是不是没有朋友。读完这本书，她终于可以长舒一口气了。

到今天为止，有些事情仍未改变——独自吃饭，边吃边看最新的新闻报道或者杂志……这些独处时光就像是在沙漠中的绿洲小憩一般沁人心脾，让我精神焕发。繁忙的时候，几分钟的休息都能让我保持精力。如果我不花时间休息，会怎么样呢？

我会疲惫不堪，效率下降，即使是面谈工作也不会有成果。

做你自己

高质量社交第一个不可逾越的前提就是做你自己，性格是一切的基础。尝试变成另一种人是危险的，会让你茫然无措、精疲力竭。我不能容忍这种不负责任的行为。

我们的成功得益于发挥自己的长处，而不是否定自我的性格。

为什么不去与真实的自己快乐相处呢？难道那样不会更加轻松有趣、自由自在吗？

我在事业之初尝试效仿其他的成功人士，后来发现愚蠢至极。不久我就放弃了这个方法，打破传统社交规则，无论在家还是在工作中，都做到“做自己”。我学会了把笑话讲得生动有趣，并且自然地融入到对话中。我相信存在即合理，性格亦是如此——做真实的自己最幸福不过了，做真实的自己可以将积极影响发挥到最大化。

如果你觉得社交应付不过来，那就尝试享受旅程而不是抓住你“应该”做的事情，“应该”并不足够鼓舞自己。当有声音告诉自己应该做什么社交举动时，要分外留心，我“应该加入他们的聊天”，我“应该跟他们多待一会儿”，我“应该抓住每次交流机会”。可能你会注意到，“应该”几乎每次都意味着你“不应该”，你应该永远不要说“应该”二字。

旧规则的适用人群是有限的，这些规则仅适用于15%的人口——那些外向性格特征十分明显的人群。中向性格人群和内向性格人群遵照旧规则，并不会获得什么好处。

现在让我们回到正题上，我在这里隆重介绍“3P社交法”，这个法则简单易行，适用于内向性格者、中向性格者甚至包括许多拿着名片社交的外向性格者。“3P社交法”能帮助到讨厌社交的人，同时教会大家如何与不同性格的人更好地相处。

下面，我们将对每个技巧做详细的说明，并且拿到具体的情景中说明其实用性。不像3D电影，“3P社交法”不需要佩戴专门的眼镜。

现在让我们一起重新定义一下这三个旧的社交规则吧！

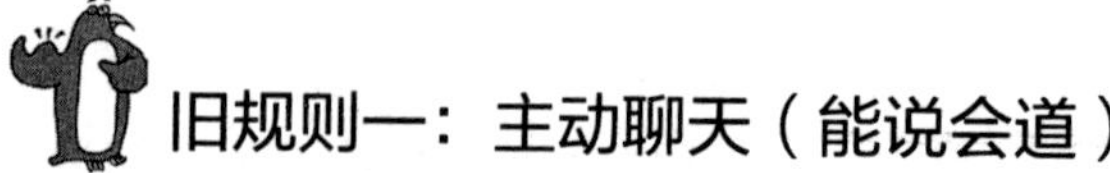

旧规则一：主动聊天（能说会道）

首先我们得承认：外向的人善于言辞。因为他们可以很自然地表达自己的想法，所以对他们来说，跟人聊天轻而易举。“哟，你们这些内向的人，先别翻白眼！大方地接受这个现实吧。”外向的人可能会边说边这么想。这种谈话风格有时会让内向的人压力巨大，有时也让人羡慕。

性格外向的人能言善道，侃侃而谈，他们进入社交模式非常容易。有他们在，聊天会无比顺畅，讨论也会很生动，活动会顺利举行。外向者明白自己这一特点，内向者也了解，我们大家都接受这个现实吧。

主动与别人聊天也是与别人建立联系的方式之一，外向者可以毫无压力地跟陌生人或所谓的“新朋友”聊天。“陌生人就是未见面的朋友”，这是外向者的典型信条之一，他们喜欢尽可能多地与别人交流。这也是社交型人格的人乐于接受第一条旧规则，并能够亲身实践的原因。

那其他人呢？

案例笔记1

爱聊天的外向者

我参加的瑜伽班，里面有很多性格内向和性格外向的人。瑜伽课的结尾有一个放松环节，这个环节是为了让学员内心平静、自我平衡和恢复能量。结束时，内向的人都轻手轻脚，不想打破这难得的安静。外向的人呢？灯光还在慢慢亮起的时候，他们就马上聊得热火朝天："刚才真有意思！感觉又有精神了！"这样的场景每次都让我想起，外向者释放能量的方式就是说呀说呀说。

案例笔记2

欢迎你的到来，不过先让我一个人静一静

演讲活动有一个惯例：观众第一次进入教室的时候，主讲人要跟他们打招呼。大家都知道正确的做法是：先介绍自己，建立起联系，然后记住别人的名字。这个流程适用于交流前的介绍环节。

我的做法与这种做法恰恰相反：我通常躲在教室的前面，埋头专心看讲稿。作为主讲人，这种行为完全让人无法接受。至少，这很没有礼貌，是不是？

先别着急下结论。实际上，我在积蓄能量，准备开始。因此我不管这一流程，等介绍我时，我以最佳状态向观众微笑示意，直接开始演讲。扔掉规则吧，做真实的自己，对大家都好。

新技巧一：做好准备

当我请外向者描述内向者的优点时，排名第一的回答常常是“善于倾听”。在聆听别人说话这一方面，外向者心知肚明：自己在这方面仍有欠缺。但对于内向者来说，这个优点是不争的事实。听人说话并不是一场比赛，但是正如我的儿子所说：“虽然不是比赛，但是我赢了。”

内向者天生就是先想再说，既然有这个特点，我们就可以把潜在缺点变成技能。在会面之前，留出时间来设立目标，想好策略。运用第一条社交技巧——做好准备，你就可以清晰准确地与别人交流了。

与别人沟通的时候，我们从观察中得到的信息比从对话中获取的信息要多。如果交流不顺畅，就使用你敏锐的观察力，深思熟虑后做出反馈。组织好思绪、寻找最佳选择并且提前做好规划，内向者就能成为社交达人。我们会在余下章节探讨具体的方法与细节。

旧规则二：推销自己（自我营销）

自我营销契合外向者的性格特点，为了更好地实现这一目标，对外向者提出的社交建议是——与别人进行大量的互动。我在这方面遇到的具体建议包括：

- 一直保持活跃。
- 自由称赞对方。
- 把每一顿饭都变成与别人交流的机会。
- 一直保持联系。
- 定期与别人分享工作进展。

自我营销是外向者很自然就能做到的事情。他们会饶有兴致地加入别人的对话，这给他们赢得了很多机会推销自己，因为他们看重推销次数和频率。

我有一个长期合作的客户，性格活泼，开朗外向，是一家非营利组织的执行总监。我告诉她这本书的名字时，她笑着说："怎么会有人讨厌社交呢？这可是我工作中最喜欢的部分！"不过，她也表示这本书能帮助她更好地理解自己周围那些内向性格者和中向性格者！

新技巧二：循序渐进

内向者不会去跟别人聊自己一连串的优点来开始一段关

系，但是高效能的内向者能循序渐进，他们能见微知著，往往能把对话变得有深度，表现出对别人的兴趣，从而与别人愉快地交流。一个性格内向的人，通过循序渐进的沟通，可以了解到对方丰富的信息。

内向者追求深入关系、深刻体验。循序渐进的方式能让内向者更加轻松地与别人建立联系，能让内向者与别人建立更深入的关系，而不必花时间在推销自己上。

有一次，我不经意听到别人对一个同事的描述："她话不多，但是想法很有深度。"我注意到"但是"二字，好像一个人话不多，就应该肤浅一样。我发现一些人在交往之初虽然话不多，但他们的天赋、才能和人格魅力，都会在深入交往后逐一显现。

案例笔记

静水流深

一次，一个公司的领导层务虚会在一家高端湖畔度假区举办，共有70名高级律师参加。我参与组织了这项活动，在那里，我遇到了卢卡。我们在很大的宴会桌上共进晚餐，卢卡很安静，没说几句话。

第二天早上的活动是在户外举行，准备工作很多，于是我早早去现场准备。活动开始前半小时，卢卡就到了，他是第一个到场的与会者。他主动提出帮忙，拿到分配的任务后干劲十足。

我问他前一天晚餐后做了什么，他想了想说在湖边坐着，静静地看湖面。卢卡有些抱歉地向我说明："我有时候喜欢静静地坐着，看看四周的风景。"

他说闲谈会让他感到疲惫，他更喜欢在活动的间歇自己待着。卢卡还解释了早上早到的原因：他早早地吃完了早饭，避免好心的同事邀请他一起吃饭。

现在卢卡话多了起来，继续说道，他一直觉得别人第一次见他都会觉得他这个人很无趣。通过这次谈话，不难发现，卢卡见地深刻，幽默风趣，考虑周到。我后来了解到这些优秀品质也是他事业成功的原因。卢卡在公司身居要职，主要负责监督其他五位律师的工作。他说话谨慎，写作思路清晰。跟进项目的过程中，卢卡提供了细致的反馈，既有思考又给出了建议。

卢卡身上带有内向者典型的性格特点，他特别擅长一对一的交流，如果感觉环境安心，他会敞开心扉。他思维的深度隐于沉静的外表之下，细细发掘之后让人印象深刻。和很多内向者一样，卢卡有很多不为人知的方面。如果让内向的人慢慢释放自己的个性，我们会收获很多。

如何提问

如果你性格内向，请尽情发挥你的天赋。性格内向的人更喜欢提问题，而不是展露个人信息。发挥天赋，合理组织提问，这样你再也不会因为惧怕跟人交流而不知所措、难以入眠。还有，你对微小的非口语信息具有超强的感知能力，这有助于让你获得别人的丰富信息。

在提问中需要注意的是，封闭式提问只会获得"是"或

“否”的答复，开放式提问可以获得更多的信息。因此，不要问“你喜欢你的工作吗？”而要问“你最喜欢你工作的哪一部分？”

以“为什么”开头的问题会让被提问的人有防备心。无论何时，条件允许的话，不要问“为什么”，而要问“怎么样”“是什么”，譬如，不要问“你为什么离职？”而要问“是什么促使你做出职业上的转变？”

回忆一下，你是否有过这样的经历，当和一个人分别时，会对这个人念念不忘，会对他印象非常好——很可能是在与他交流的过程中，他的言行传达出在意你的意思——因为，有质量的问题可以增进关系，并给别人留下深刻的第一印象。

旧规则三：尽可能增加跟别人待在一起的时间（聚会）

拿到外向国度签证的第一条件就是：多跟别人打交道！外向的人通过定期和很多人打交道，保持着充沛的精力。

一次，我和一个外向的朋友聊天，听到她说喜欢独自旅行，我十分惊讶。我继续追问细节，她解释说：“外出时，我会搭上一辆旅游巴士，无论谁坐在我旁边，我都能聊一路。那感觉太棒了！”

加入社团、组织或者参加聚会能让外向者恢复活力。对于喜欢通过跟别人共处来获得能量的人来说，出差时把自己关在酒店房间里，是压抑本性、违背常理的。

外向者喜欢丰富多彩的活动。如果你是这样的人，请把你的时间都用在参加社交活动上，在这片外向者的热土上，消遣活动多种多样。外向者喜动不喜静，即便在家休息，外向的人也会一次性打开多个设备，开着各种电子屏幕，越热闹越开心。

新技巧三：把握节奏

把握节奏就是调整好自己的节奏。为什么这一点很重要呢？无论是与人交流、思考还是做事，沉浸其中时，内向性格者和中向性格者的表现都会非常出色。

让我们一起来看第三个新技巧——把握社交节奏，加入休息时间。“把握节奏”意味着按照你的性格来安排社交活动，在心理舒适度范围内安排一定时间一定量的社交活动，同时也要适度休息，适当独处放松。

重复这个节奏，你也能成为社交之星！

给自己独处时间

这是让淘气的3岁小孩儿害怕的惩罚，而对于因社交而疲惫不堪的人来说，独处时间就像一段舒缓甜美的音乐。

你需要独处！因为……内向的人，通过独处，能恢复精力。

内向的人渴望独处，必须有独处时间才能维系正常生活。内向的人享受独处，正如哲学家马丁·布伯所说的那样：

独处可以净化心灵。

成功的社交不仅需要我们发挥长处，也需要关注个人需求。为了保持“独立人格”这一引人羡慕的优点，要适时逃离，通过独处来补充能量，比如独自散会儿步、在浴缸里泡澡，或者看几分钟闲书。

上述方式应该不会让你感到压力，也不会让你反感逃离吧。对比多种多样的以外向型性格为主的传统建议，这些建议更适合内向者。

少即是多

高效能的内向者社交时，不以量取胜，而是注重社交质量。诚然，内向的人可以拼尽全力、咬紧牙关来克服困难，按照建议将空余时间全部用来社交，但是结果却不尽如人意，人也累到上气不接下气。

用数量来衡量内向者的社交是否成功，既劳神费力，也并不可靠。

可靠、稳定、牢固的人际关系才是内向者最佳的社交选择，对他们来说，应舍弃无用的社交，少即是多。

较少的时间+较少的人=更好的结果

内向者喜欢具有深度的关系，同时见很多人会给他们造成很大的压力，如这个公式展现的一样，内向者一次见1个人，而不是10个人，会让他们的社交生活更幸福。外向者很容易结识新朋友，也能轻松地跟其中的大多数人保持表面联系。内向者就难以理解这一点，他们喜欢维持数量不多但感情深厚的关系。把生活塞满活动，会让一个内向者憋得透不过气来。

我自己就深有体会，有时投入较少的精力，反而可以获得很棒的结果。比如，我在寻找合适的出版商时，事先做了调查，将目标缩小为找到一个（没错，是一个！）理想选择。我没有去地毯式寻找，让自己心力交瘁，只是在一个行业大会上与一家出版商商谈。我做了大量研究，Berrett-Koehler出版社（简称“BK”）是我最心仪的出版社，他们完全理解我真实的想法。之后的10年，我所有的作品全都由BK出版。

总而言之，内向者和外向者有不同的社交特点。

外向者善于广结好友，内向者善于拉近距离。

外向的人会四处走走，和谁都能谈笑风生。内向的人会寻找合适的对象，专注地交流。结果如何呢？外向的人收到了一大叠名片；内向的人通过与别人深度交流，拉近了彼此的距离。多了解与我们性格相反的人，我们可以从新的角度去欣赏他们，跨越性格差异去与人交往。

在下面的章节中，我们会将“做好准备”“循序渐进”“把握节奏”三个策略应用到具体的情境之中，包括求职、出差以及保持联系等。

案例笔记

聚光灯下的你

有一次我参加了一场为期3天的会议，会议的互动交流模式需要消耗巨大的精力。会议非常成功，但是我一直在会议之间往来穿梭，一场活动接一场活动，没有给自己歇息的时间。

几个星期之后，我的客户给我打来电话。客户说，有个参会者曾在一场活动结束后找我说话（我已经不记得了），但是我怠慢了她。我感觉很糟糕，但是很感谢客户的反馈。客户跟我说，这个事发生在会议最后一天的结束环节之后。后来我才想起，那天我累到不行，准备马上回套房里休息。当时我整个人都不在状态，身体在那里，心却早已飞到远处。幸亏我的客户对我十分了解，帮我澄清了事情的真相。

我从这一误会中学到了一个道理，在这里与诸位内向人士分享一下：在公共场合，注意力要集中，不要分心。一个无意的冒犯可能会成为永远无法解开的误会。“把握节奏”不是奢侈品，是成功社交的必需品之一。

外向者原则

典型原则	社交技巧	实质
■ 边说边想	■ 能说会道	■ 善言
■ 思维宽广	■ 自我营销	■ 发散
■ 与人互动获得能量	■ 热爱聚会	■ 合群

内向者原则

典型原则	社交技巧	实质
■ 先想再说	■ 做好准备	■ 善思
■ 深入思考	■ 循序渐进	■ 专注
■ 独处获得能量	■ 把握节奏	■ 自立

无论你的性格是内向还是外向，你都很优秀。你完全有实力获得各种“年度社交达人”的奖项，赶快准备你的获奖感言吧。

第七章 社交急救箱

幸运只为勇者降临。

——维吉尔

小测试：

1. “让抗拒社交的人零压力社交”是否前后矛盾？

2.社交时外向者是否都在伪装？

3.外向者和内向者是否能在生活中和平共处？

答案：

1.否。

2.否。

3.是。

社交活动，简单来说就是很多人聚在一起聊天，交换联系方式，一起吃很多很多不健康、说不上名字的油炸食品。

抛却发展不说，内向者该如何在社交中生存呢?

如果我去参加一场活动，要么是推脱不开必须要去，要么是我硬逼着自己去参加。通常最后我都能收获颇丰，但我是逼着自己去的。

对于我来说，社交就像晨练。很多年来，我都早早起来去健身房锻炼。我会骗自己（也说明我这人并不聪明），比如我会跟自己说：今天我就慢慢开车经过健身房，不一定非要进去。可一看到健身房，我就会逼自己走进去健身。第二天再重复这个过程，每当我咬牙切齿狠狠按停闹铃时，我就骂自己，发誓再也不健身了。可是健完身后，我会感觉棒极了，于是重复并坚持这一方式。

同样，不要等到做好心理准备了再去社交。

可能等到地老天荒了，你还没有准备好。

你必须逼自己走出舒适圈。到了那里之后，就拿上你的秘密武器——“做好准备，循序渐进，把握节奏”，你可以的，不要当胆小鬼。

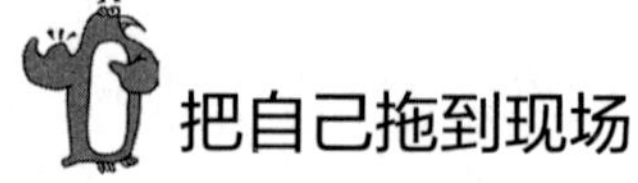

把自己拖到现场

假设今晚公司有一个盛大的活动，不强制参加，但是大家期望你去。你从家里拿来了一套衣服，挂在办公室门后，一有人进出，服装袋就晃来晃去，你就想起忙忙碌碌的一周快要结束了，最后还需要参加个活动。

一天下来，你的大脑受到太多感官信息的轰炸，下午6点的时候已经乱作一团。数不清的会议、展示，闹哄哄的午餐室、走廊里躲不开的同事寒暄以及电话会议直接把你累垮了。你想逃离，你的大脑在搜寻各种借口，希望可以找到一个正当的理由推掉晚上的活动。你开始随意地整理文件，这种事你一般不会做。你要迟到了，料定推不掉了，你穿上套装，拖着疲倦的身体赶往活动现场。

到达现场之后，你看到很多不认识的人走来走去，西服的翻领上已经戴上了名牌。音乐声音很大，气氛活跃，和你的表现形成很大反差。人们有说有笑，细细打量着挑剩下的小吃拼盘，琢磨还有什么好吃的。你在心里嘀咕还要待多久，才可以离开这里。

你搜寻了一下办公室同事的踪影，却落了空。3分钟之后，你躲在角落里翻看手机里的消息。又是一晚无聊的社交活动，或者说一场失败的社交活动开始了。

如果活动可以重新来过，你会怎样呢？第二轮社交活动，开始。

做好准备

提前注册。提前明确要出席活动，你就不太可能打退堂鼓了，特别是在你交钱参加的情况之下。另外，通常现场注册，费用会高一些。一些受欢迎的活动，也需要提前报名才能参加得上。你还能额外获得一个提前印好、特制的姓名牌。

主动帮助。提前询问一下你是否可以提供一些帮助。如果在社交活动中担任一些指定角色，“社恐人士”社交起来会轻松很多。服务他人让你有了一个特定的原因去跟别人互动，你不用再为了和人聊天，四处寻找机会。此外还有隐形福利——代入指定角色能让你给人留下乐于助人的印象。

注意着装。选择着装时，权衡一下舒适度与时髦感。这条围巾很有垂坠感，四处飘动，会不会让你无法专注？穿一双太高的高跟鞋十几分钟，你的脚会不会有疼痛感？戴一整天的隐形眼镜容易造成双眼干涩，眼镜会不会是更明智的选择？那件时髦的夹克衫，现在穿会不会有点紧？你想以什么样的面貌出现在别人面前？特别要提醒一下千禧一代，在商业活动上穿着过于随意十分冒险，建议穿件V领西服。

共同出席。和同伴一起参加活动可以改善你的社交体验。做好规划，和“社恐”同事一起参加活动，相互安排一些迷你的社交任务，轮流走出舒适圈，去跟别人交流，并且相互汇报情况。同样拥有乐观态度和幽默感的你们，可以吸引到别人和你们聊天。

明确目标。你为什么参加活动？设立切实可行的目标，比如说一次认识两个人。目标的设立要符合实际（关于目标设立的详细建议请查看第八章）。

提前到场。如果你对出席活动犹犹豫豫，为什么不第一个去呢？因为早去的话，现场人少，大家都站得很分散；晚到的话，你面对的就是拥挤嘈杂的人群。活动快要开始的时候，现场氛围要舒适安静许多。早点到达的话，你还有机会看看现场是否需要帮忙。

休息一下。既要进场与别人聚在一起，也要适时出来透口气。照照镜子，最好是在设施完善的化妆间里，没条件的话，用手机相机也可以，查看一下自己的仪容，确保在最佳状态，至少不要蓬头垢面。不妨吃一块薄荷糖，深呼吸几次，振作精神。

查看名牌。一般在活动入口旁边会按照字母表的顺序摆放姓名牌。到达的时候，扫一眼参与者的姓名牌。提前到场的话，大部分姓名牌还没有被领走，查看一下姓名牌，你可以了解参与者中有没有认识的人或者想认识的人。同时在大家到来之前，你可以有一段独处的时间。

环视周围。找一块距离人群中心和外围都不远的地方，视野开阔，你可以看到绝大多数参与活动的人，没必要用数学公式去计算，只需要慢慢环视一下周围，寻找一下熟人或者潜在的交谈对象。

看到自己是如何轻松舒适地与人面对面交流了吗？

循序渐进

让自己易于接近。有意识地保持微笑，形单影只地站在桌子旁，很容易吸引到孤单的朋友和你聊天。内向的人进入社交场合时，可先找一张空桌子，舒适地站在旁边，或者找一个看起来乐于人陪且没有伴的人聊天。

找咨询台。活动的组织者通常会展示商品和服务的信息。细读小手册，可以让你获取一些主办方的信息，并提出相关的话题和与会人员进行交流。

眼神交流。眼神交流能展露出你对别人的兴趣，增加别人对你的好感，你不需要通过口头交流就能和他人建立联系，再加上一个善意的笑容效果会更好。你跟别人聊天的时候，最好克制自己不要四处打量，眼神交流可以让你保持专注，远离那些与话题不相关的想法和消极的自我对话。与人眼神交流时注意别太夸张，不要直瞪瞪地上下打量别人。

感恩并答谢工作人员。不仅包括活动的组织者，也包括调酒师、外套存放处的服务人员以及其他现场服务人员，对他人表示感谢是一种友善的行为。适当准备小费，记住，吧台餐饮费一般不包含小费。

有序排队。排队是避免形单影只的另一个绝佳选择。排队时的破冰话题一般包括工作、一个有趣名字的来历或者出席活动的原因等。此外，你还会有额外收获：不管你在排队等什么，在短暂间隙你可以与别人密切交流，甚至交换联系方式，而这并不耽误你排队的真正目的。

礼貌待人。拿喝的东西之前，询问一下周围的人是否也需要来点什么；排队取自助餐时，给后面的人递个盘子，并主动让他排在前面。道理你懂的。

留意不寻常的事物。人们会买一些特别的搭配，装扮自己，让别人眼前一亮，因为显眼的装饰或者独特的穿搭会成为交流的话题。赞美别人的穿搭，或者询问一些关于这些搭配的信息，可以拉近人与人之间的距离，只要你真心实意，就不会出错。

挑挑冷盘，社交助攻。食品区是和人聊天的好去处，既让你有地方待着，也让你有事可做。别人来挑选食物的时候，诸多破冰话题任你挑选，比如：

- 这个挑得不错呀！（只摆了一种食物时，可别说这句话）
- 你知道这是什么奶酪吗？（最好不要指人人都知道的切达奶酪）
- 刚出的意大利面，你觉得味道如何？
- 甜点摆盘真有创意，你喜欢哪个？

每次吃一小口，不然回答别人问话时，还得尴尬地先嚼完嘴里的东西。吃东西噎到是社交中的大忌。

案例笔记

吃之后社交，社交完再喝

你可能会觉得这些建议很无聊（虽然我也这么觉得，不过我是在帮你）。参加有趣的活动，尽情地享受，是让人期待的事。如果你是付钱参加，你就想玩得够本；如果你没付钱，这就是顿免费午餐。

空着肚子参加活动，会将你置于危险境地。比如，当你吃薄饼时，碎屑可能会黏到牙齿上；当别人叫你名字的那一刹那，你可能嘴里塞满了菠菜沙拉或嘴里一股蒜末肉丸的味道，又或者手里拿着盘子、杯子却还得腾出手来和别人握手，结果盘子里的食物或杯子里的饮料洒了一地。

在参加活动前，我建议你先点些东西垫垫肚子，但要有选择地、适量地吃。吃点富含蛋白质和能量的零食再好不过了，比如说能量棒、水果、坚果等。而在活动中，只选择好咀嚼的简单小食物。

再说一下“成人饮品”。一些喜欢小酌几杯的人经常跟我说：“喝几杯之后，我的社交表现会更好。”我认为：“这只是你觉得，不信你问问在场的其他人，看看事实究竟如何。”一些人根本把持不住自己，结果越喝越多，这个做法完全是错误的。如果你特别喜欢喝鸡尾酒，别贪杯，一次活动喝两杯，中间补充点水分。你又不是第一次参加兄弟联谊会，喝一大桶深不见底也不知是什么调出来的宾治酒实在没必要。

最后，要搞清楚哥们儿和同事的区别。下班后社交，不意味着你可以毫无顾忌地和新认识的朋友或朝夕相处的同事尽情玩乐。你也不想成为周一早上大家在茶水间讨论的话题吧！

关注对方。和陌生人聊天颇具挑战性，最常见的原因是“我根本不知道聊什么”。不过记住这一点：你没有必要去找话题！表示对别人有兴趣，会让你更招人喜欢，比你跟别人聊最新发掘的新鲜事要好得多。问对问题，才是制胜法宝！比如说：

- 你最喜欢你工作的哪个部分？
- 你现在负责什么有趣的项目？
- 你今年最骄傲的事情是什么？
- 想和我一起去挑选下食物吗？

关注自己。巧妙地不把自己带入话题之中，把自己藏得严严实实，这种行为也不合理，单向的聊天很容易让一段关系失衡。准备一些自己的“料”，在你可以接受的范围内跟大家分享，也给别人了解你的机会。

把握节奏

定时休息。社交很容易掏空内向者的能量库存。感官信息荷载过重，比在空空的圣莫尼卡林荫大道上驰骋消耗能量的速度还要快。当负荷过重时，出去透口气放松一下或者散会儿步是个不错的选择。

正确面对。记住，只有你自己知道你在外面看风景看了多长之间，去了几次化妆间或者见了多少人。除此之外，没人会记录你的行踪，除非你做了很丢人的事情。

优雅结束对话。沉浸于聊天之中，让人舍不得离开，但是最好在无话可说以及无休止的尴尬停顿之前，就把想说的话说完。这一可贵技能可以确保一段愉快的聊天不以仓皇收尾。

如果你爱一个人，就给他自由！

放过你的新同胞。他来这里是来结识各种朋友的，即使相谈甚欢，可能也不太想跟同一个人聊太久，所以你需要适时结束对话。现在你的社交之旅开了个好头，也增加了你的信心。热情是顺利结束对话的要点之一。开始之前，先看看这些句子：

- 能要张您的名片吗？很高兴认识您。
- 我去那边拿点吃的（或者喝的）。
- 您认识×××（恰好从旁边经过的同事）吗？
- 我去下洗手间。
- 我去打个电话。
- 和您聊天很开心！谢谢您。
- 期待后续联系。
- 我得去转转，祝您玩得开心！
- 我出去透口气。
- 我去坐一会儿。
- （看一眼手表）我真得走了。保持联系。
- 您肯定还想和别人聊聊吧，不耽误您了。

当然，无论去哪儿，最好随身带着名片。如果你说要去哪里，就“真去”（别立马破坏信誉）。

知道何时离开。提前定下合理的离开时间，到场10分钟就走可不作数。开始的半小时先努力四处逛逛适应下环境，有时候融入环境需要一点耐心。如果你已经实现了目标，或者感到头晕目眩、精力耗尽，那就离开吧。

案例笔记

三张名片

某次，在一场社交活动之后，一名内向的客户兴高采烈地向我反馈她收到了三张名片。这个数字对外向的人来说不值一提。不过这个客户还记着与他们的对话，之后写了有针对性且友好的信息发给他们，例如“上次十分有幸听您分享您最近的成功经历，我深受启发……”，还提出见面喝杯咖啡。三人中有两人接受了她的邀请。一年后，她与这两位一直保持联系，还和其中的一位成了生意伙伴。

为逃离做好规划。最好不要根据别人的时间来安排。如果你要等别人，找一个安静的地方等他们结束，不要在门口徘徊逗留。

不断努力。你的团队每一季度会举办公司聚餐——这个活动你已找不到任何合适的理由来推掉了，那就打起精神参与其中。工作之外的同事互动对增加团队凝聚力、提高工作效率大有裨益。但是要记住，公司聚餐最好聚焦与工作无关的话题，不然聚餐可能会变成普通的会议。

巧用“名牌”

我对“名牌”有很大兴趣，别人的脑袋装的都是高大上的话题，比如哲学、政治或者体育比赛，我却沉浸于名牌的世界无法自拔。下面，我想和大家分享一下我对“名牌”的执念，以及我对它的深刻感悟。

手写名牌。如果你需要自己手写名牌，请用你能拿到的最粗的记号笔。使用印刷体书写信息，名字使用大写字母，姓氏和头衔要小一点写在下面。不要在名牌上写太多无关的信息。如果你写错了，就扔掉重写。涂写混乱的名牌，字迹不清，显得不正式。慢慢写，它可是你要佩戴的最重要的饰物。

塑料名牌。将名牌装在塑料套里是个好办法，我时常会把几张名片放在名牌后面，一起整齐地收纳在塑料套里，这样易拿取又便于携带，解放了双手。你也可以试试，或者发挥想象力使用其他办法，只要你舒服就行。

莽撞之举还是聪明之举

在出版了第一版《内向者的沟通术》之后，我受邀去澳大利亚做巡回讲演。在一次社交沙龙上，我与大家分享了很多社交小贴士，然后邀请现场观众分享了他们的社交秘诀。

一个很热情的女士跳了出来，和我们分享她最爱的社交技巧，让人印象深刻。她说："我会站在人群中央，把一大堆自己的名片扔到地上，假装成是意外。人们冲过来帮我捡起名片的时候，他们就不得不看上面写的内容。比如有人会说：'噢，原来你从事房地产行业，太有趣了！跟我说说你的工作吧！'"虽然我无法完全支持她的技巧，不过，她真的勇气可嘉。

话题管理

有很多问题外向者会不假思索地拿来问一个完全陌生的人，而内向者会觉得这可能涉及个人隐私。遇到这种时刻，该如何应对呢？别去评判，毕竟你不想让你的同事因为你极度保护自我隐私而生气，对吧？对一些频繁问到的问题，最好提前做好回答的准备。下面是问题列表，后附的回答可自行调整。

先说清楚，这些是你可能会被问到的问题，不是我建议你向别人提出的问题。

- 你打算在这里工作多久?
- 你花多少钱买了某样物品?
- 你的薪资是多少?
- 你有孩子吗?
- 你喜欢某人吗?
- 你多大了?
- 你投票给谁?
- 你信教吗?
- 你如何看待某个正在发生且有争议的事件?
- 你觉得某人为何升职?
- 你觉得某个地点/你的公司究竟如何?

以下是备选回答，大多数可以互相通用:

- 很难讲。你呢?
- 记不清了。
- 想不起来上次查过是多少了。
- 不太想谈这个事。
- 这件事不好说。
- 现在我不能多说。

- 我尽量不去想这件事。
- 我得好好想一想。
- 我来这里还没多久。
- 你觉得呢?
- 不想讨论这个话题。
- （转移话题）你想去自助餐区/吧台拿点东西吃/喝吗?
- 噢，那个啊！（叹气）还是聊聊别的吧。

使用上述回答的时候切记，态度一定要积极，语气一定要轻松。如果你不喜欢这些回答，你可以从这一章前面“优雅结束对话”部分挑选一句话作为回答，语气要积极坚定。我相信你已经知道诀窍了。

第八章

日常交际

如果没有风，就自己划桨。

——拉丁谚语

小测试：

问题：哪种性格类型最容易被人看作是自命不凡？

答案：

自信又不加入对话的内向者。

会让其他人困惑不解，被当成是没有礼貌的外向者。

构建成功

准备好，我有个消息要告诉你，既算是好消息，也算是坏消息，那就是：

生活本身是个巨大的社交舞台。

如果你觉得社交已经让你应接不暇了，那么这个消息对你不可能产生帮助。试试对着纸袋深呼吸一下让自己平静下来，慌乱对你毫无益处。值得庆幸的是，生活的绝大部分都并不需要社交活动。

社交并不是在特定时间和特定地点才发生，无论好坏，它都是一种持续进行的状态。乍一看，这对社恐人士似乎是个“坏消息”。你不能简单地把社交从自己的日程表中划掉，然后就躲回自己的舒适区。但即便如此，你也可能会有自己的幸运日。不必完全依赖那些愉快的社交经历来建立人际关系。你去的每一个地方、遇到的每一个人，都有可能帮你建立起新的关系。

每一次相遇都是一个机遇。

做好准备

讨厌传统社交活动的人，在参加形式明确和目的清晰的活动时往往会有好的表现。对这些人来说，选择去上课、参加教育性研讨会、加入某个论坛、报名听系列讲座或者参加社区服务项目来扩展社交范围是个不错的选择。一位内向的同事曾告诉我，她只参加组织良好的活动，尽可能避免那些组织松散的社交集会。

行动起来

个人清单

现在，是时候列一张清单，记录下哪些社交场合可以让你有更好的表现。

1.回顾过去你最好的几次社交经历，这些例子可以是职业场合，也可以是个人生活中的社交经历。不加筛选地把它们一一列出来，在第一列中写出三个例子。

过去成功的社交经历+场所	成功的原因	未来潜在的机会
1.		
2.		
3.		

2.审视清单。在第二列中写出成功的原因。比如，扮演了特定的角色、活动令人激动、得到了灵感、完成了某项体力挑战、喜欢新奇体验或者学到了新东西等等。

3.在第三列中，列出至少一个可能符合第二列标准的新社交场合。下面是一个填好的例子：

我在一场国际会议中做志愿者。	我在一个感兴趣的领域中扮演指定角色。有个明确角色让我和他人沟通起来更容易了。我既能帮助他人，也有学习提升的机会。	我可以试着加入本地的非盈利委员会。这样，我就会有一个目的明确的角色，还能为一项有价值的事业做出贡献，同时能建立良好的人际关系。

原本的社交机遇与未来机遇是不同的，但是后者是通过模拟前者的成功因素而构建起来的。在上面的例子中，加入本地委员会能为你提供一个持续性的社交平台。明确你想要的结果，这将决定你下一步的合理行动。如果你的目标是找一份新工作，并且想在艺术领域工作，那你就可以在附近的

博物馆或者音乐厅寻找机会。如果你是一名致力于高科技公司的电气工程师，又想要找工作，那么你就可以在第三列中这样写："找到本地的电气工程师协会。在协会活动中做一次志愿者，如果适合我的话，以后就多多参与。"

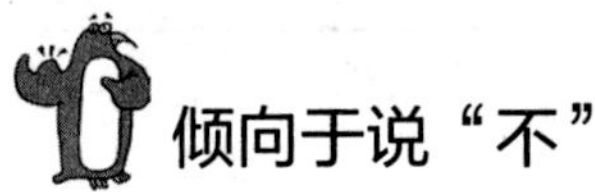

倾向于说"不"

你从小养成的抗拒社交的性格，使你习惯性地拒绝意料之外的社交机遇，但这样真的好吗？是时候反思一下这种策略了。

比起点头说好，内向者更倾向于说"不"。这是为什么呢？为什么内向者更倾向于拒绝意料之外的请求、期待及变化？不要这么戒备，我发现自己也有这种倾向（我忍不住笑了，想象你可能正拼命压抑自己不要说出"不！不是这样的！"）。

之所以会有这种倾向，是因为内向者需要时间去思考。如果遇到新提议，又没有时间仔细考虑的话，那么内向者就会倾向于快速说"不"。有一个办法可以解决这个问题。当你对内向者提出一个想法时，不要急着立刻让他答复。提出想法后，快速出去，跟他说"我们等下再讨论"。几个小时后当你回来时，你可能会对他的接受能力感到震惊。下面让我们一起来看一个人格心理学家版的几何定理：

A.在给出反馈之前，内向者喜欢从多个角度来权衡一件事。

B.如果没有足够的时间来给出一个深思熟虑的答复，那么内向者的本能反应是说“不”。

C.如果你对内向者提出一个新主意，紧接着就问“你要加入吗”，那么他最开始的答复很有可能是否定的。

如果A=B，B=C，那么便可得出A=C。

在这一点上我们该怎么办呢？生气或者把这看作是在针对自己都是没用的。接受一个事实——内向者可能需要更多时间来考虑新想法。对于内向者而言：

1.预测自己可能会说出“不”字，在说出这个字之前制止住自己。告诉对方你会考虑他的提议，然后再给答复。

2.如果合适的话，请对方提想法时以文字形式。有时间思考可以让内向者做好准备，给出考虑周全的答复。

3.面对新提议时，做出答复之前先等一等。告诉对方“让我想一下”，好让对方知道你是在思考而不是在走神。

控制住自己一开始就拒绝意料之外提议的倾向（比如邀请你出门见见新朋友），你就能开拓一片更广阔的社交天地。

循序渐进

通过白金法则我们发现，改变自己的处事风格能使身边人感觉更自在。让对方感到舒服也会让双方关系更加和谐。怎么做才能提升自己社交成功的几率呢？虽然可能无法十全十美，但的确有一些小诀窍。

给内向者的建议	给外向者的建议
如果你想和一位外向者单独吃午饭，那么你一定要和他说清楚，这样他就不会无意识地带上别人一起过来了。	内向者沉默并不是瞧不起你的观点，他可能只是在仔细考虑。
如果时间有限，不要向外向者提些无关的问题。因为他可能会长篇大论，做些不必要的解释。	如果你遇到一个很安静的人，不要心想“他怎么了”。他可能是个内向的人，有认真听，只是在思考。
你可能会有这样一位同事，强烈坚持的观点到第二天就又变了。与其认为这样的人不可靠，不如认为他是喜欢说出自己的想法，但缺乏长远规划。	你的同事是不是固执己见？因为内向者在开口答复之前总是会深思熟虑，所以要想让他们改变主意就要做出更多努力。在让他们答复之前，先给他们些时间考虑一下。

你每天要做十亿次选择，这还只是个大致的估计。试着数一下自己做了多少次选择——有意识的和潜意识的都算，然后发消息告诉我估算得如何，这样我们就不用直接交谈了。

案例笔记

完美的一天

在有些项目中，我将参与者按照性格分组，让他们写下如果有一天假最想干什么。外向者们立刻大声提问："我们可以一起列这个清单吗？""我们能一起度过这一天吗？"刚刚见面没多久，他们就已经打算一起度过这样美好的一天了。我回答说他们可以自行决定。外向者们顿时如释重负，然后头脑风暴列出了一长串活动，边说边笑，七嘴八舌地讨论，整个房间的分贝都提高了。

当我问这组外向者哪些活动需要有他人参与时，他们顿时炸了锅般叫道："所有活动！"

他们的表情说明外向者们认为我的问题很荒唐——自己单独过一天多没意思。对于外向者而言，完美的一天就要和朋友们在一起，然后以派对收尾。

内向者们的清单几乎都很短，上面写的都是个人活动。我也问了他们清单中有哪些活动有他人参与，结果他们都笑了起来，典型答复为"没有"。两组清单中列出的活动有些是类似的（比如看电影、徒步、悠闲吃饭）。区别在于外向者喜欢同他人一起做这些事，而内向者喜欢单独做。

中间派（性格倾向介于内向与外向之间的人）单独成了一组。他们的清单中既有单独活动也有集体活动，与其性格类型非常相符。区别在丁，中间派更喜欢明确地指出谁可以参与到其活动中（例如"我最好的朋友"），而外向者喜欢不加限制，让更多人参与其中（例如开"泳池派对"）。

这让我想起这本书第一版发行时，我收到了一位来自纽约的读者的邮件。他说喜欢这本书，询问如果我去纽约，能否在咖啡厅和他见个面。他还提到，我们可以都带几本杂志，这样就不必非同对方讲话了。这难道不是一个绝妙的主意吗?

试着练习改掉你的习惯性反应，思考后给出更好的答复。今天给自己配备一套全新的选择，还没有运输配送费，却有无限可能。仔细考虑一下这些选项，将其调整为适合自己的，对它们进行编辑，删除，然后重构。

接受现实

何必反抗现实，接受你目前所处的位置以及你所遇到的人会让你更加幸福。你正和谁在一起，这个人就是此时此刻应当和你在一起的人。你或许会说，你怎么知道？你有什么证据？证据就是这个人现在就在你面前。你可以选择撞墙——要么就面带迷人微笑，从不同层面好好想想如何将这次相遇融入自己的生活。

用行动代替言语

可以用善意的举动代替闲聊，有时行动比言语更有力、更清晰。让别人自己去发现你真的是个很酷的人，你就不必亲口告诉他们了。想办法让自己成为一个积极向上又对他人有用的人，这可以帮助你把注意力从自己身上转移到他人身上。

细致周到的人更受欢迎。下面几个例子能让你在多种场景中，仅用寥寥几句话就轻松与人展开交谈。

- 询问一份有趣的工作。
- 让别人具体讲讲他最近的一项成就。
- 夸奖他人的某些特质（灿烂的笑容、给人以温暖、正能量等）。
- 把自己认识的人介绍给他人。
- 尊重他人的喜好（站还是坐、屋内还是室外）。
- 发生意外情况时，表面上一定要保持镇静。

说话要真诚，将自己所言贯彻到底。

案例笔记

DJ的音乐王国

上大学的时候，我做的第一个课外活动就是在校园广播站做DJ。我喜欢音乐，觉得在广播站做DJ能极大地缓解学习压力。别以为只有外向的人才能做DJ，这种想法是愚蠢的。如果你真这么想，那就说明你从没去过大学广播站的播送室。在播送室，DJ独自一人坐上三四个小时播放音乐，你模模糊糊地感觉到远处有人在听你放的音乐，但你只存在于自己的小小宇宙中，存在于这个小小的音乐播送室中。在音乐播送过程中，你有时间计划一下中间要说的话。对于一个从音乐中汲取能量的内向者而言，这里就是避风港。即使有时我肩负着世界之重（或者说至少是学业之重）来到这里，离开时我也总能感觉精神满满。

对于大学DJ来说，离开广播站去兄弟会派对上做DJ是自然而然的。这是不是太高估了内向者的适应力？兄弟会派对难道不是给那些最外向的人一通狂舞的场合吗？嗯，是的。所以我很少参加这种派对，除非是去做DJ。虽然DJ对整个派对起到关键作用，但我们不妨仔细观察下。DJ所处的位置明确，职责也明确。DJ一直戴着耳机，不需要和别人打招呼，甚至连话也不用讲。作为DJ，你可以在派对上愉快地享受个人时光。你掌管着音乐，众人都看着你，还会有人给你报酬！这对于大学生而言简直太棒，太炫酷了！另外，在未来很多年里，用这个来挑起话题准不会错。

我们可以拿DJ和派对上的其他工作比较一下，比如说酒保。酒保得一直和人闲聊，完全没有独处的时间。看到区别了吗？在派对上做DJ也许不是内向者们清单中的首选，但是DJ位置明确、角色明确，能给人带来美妙的音乐并且让人开心。在寻找适合内向者的社交机遇时，一定要打破思维定势。

把握节奏

与大多数人所认为的不同，内向者同外向者一样能够热情迸发、活力满满、诙谐机智，这些特质往往隐藏在平静的外表之下，只有当内向者感到舒服自在时才会显露出来。你得剥掉很多层叶子才能看到洋蓟中间紫色的芯（我觉得这比拿洋葱作比喻要好，因为洋葱味道难闻，中间也没什么特别之处，各位读者就配合我一下吧）。

当一位内向的同事终于卸下保护层，展现出真我时，外向者们往往会又惊又喜。他们了解到耐心可以让内向者逐渐展露自我后，就会发现“哇！他真的很有意思”。

想知道让内在真我一直闪耀的关键——是给自己点时间在幕后恢复一下元气，离开社交网。

网络社交

网络社交算是社交吗？从某种程度上来说，算。但仅靠它能完成你每个月的社交任务吗？答案是不能。一个人坐在那儿发送好友请求并不能完成社交任务。回忆一下我们原本对社交的定义：

真正的社交是与人联系起来。

网络可以帮助我们实现建立有意义的长期人际关系这一目标，作为我们与人交往的平台或者媒介。找工作初期往往也是在网络上进行，当然这是非常高效的方法，只要敲一下键盘就能把你的简历发送给上百个招聘者，实在是太容易了。当然，这么做也有缺陷，所有人都用这种便捷方式找工作，你的简历就沉入了汪洋大海中，很难脱颖而出或者与招聘者建立起长期联系。

网络聊天，我们看到的只有文字，就和看戏或者看电影时只能看到台词字幕一样。我们打电话时，可以听到对方讲话的语调和语气；面对面时，能看到对方现在的情况；当面交流时，能获得对方的肢体语言、眼神交流、面部表情，自然而然地就能与对方建立起联系，因此，现实生活中的会面无可取代。

我曾遇到一位果断务实的客户，她在一个竞争激烈的行业中得到了一份新工作。她迅速制订出策略，同其所在公司的母公司的管理层建立起联系。

我问她具体是怎么做到的。

她说："我同他们见面，一起聊天，一起吃饭，加深了彼此的了解。"

她的努力没有白费，很快她拿下的合同比团队中其他人都要多。

给我发消息

语音信息曾经轰动一时，传真在过去就像魔术一样。现在，各种各样新的交流方式不断涌现，我们不用坐在同一个房间就能交流。

我对待现代流行事物总是小心谨慎，担心等到我们出版时，这些事物早就成了无比过时的东西。今天人们还站在潮流前沿反抗传统，明天复古浪潮就再次席卷而来。不管你赞不赞同我的观点，下面是一些现在流行的即时通讯平台（有些处于上升期，有些已经在衰退中）：Facebook Messenger、Slack、Google Chat、Snapchat、WhatsApp……如果技术条件允许的话，未来你甚至可以穿越时空回来找我，告诉我你所在的年代流行什么通讯工具。

在本书出版时，领英成了职场社交的专门平台，其下属平台如Refer Hire①也势头正旺，几乎能与领英平起平坐。如果你所处的行业相对传统，那么你至少要在领英或者你所选择的其他新兴平台上有一定的活跃度。记住以下几点：

- 在简介中附上照片，空白界面或者随意的图片会让人觉得不可靠。
- 拍一张专业高清的头像。没什么比一张模糊的自拍更

---

① ReferHire.com是一个全球知名的P2P招聘网络平台。

让人觉得你不专业了。

- 从多个可靠渠道获取信息并发布建议。
- 肯定他人的才华，主动将其介绍给你常联系的朋友们。
- 在对方的重要日子为其送上美好祝福。
- 在你发布的动态中称赞他人的成就。

当你想在活跃的社交状态中放松一下时，上述活动都是不错的选择。

在传统社交活动之外进行探索，是个可行策略。在做出所有这些选择之余，给自己留点时间脱离社交，会让你做得更好。如果你能拿出半个小时来制订目标的话，那么效果会更佳。

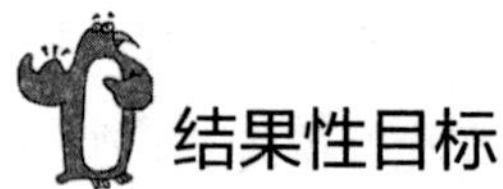

结果性目标

为什么对大多数人来说，实现一个大目标总是个遥不可及的梦？

因为我们总是带着热情开始行动，然而由于对目标缺乏系统分析，总是半途而废。你的性格没有缺陷，你只是需要一个体系而已。而且这个问题很好解决，这一章节的知识就可以帮助你！

这个体系是目前设定目标的最好方法，它可以不断带来积极结果。举个例子，我正在指导卡洛斯，他是一家大公司的高级主管，受人尊敬且非常成功。但卡洛斯仍然感觉自己处于边缘化的状态，因此想要提高自己的社交能力。

我没有叫他再加把劲儿，而是同他一起制订了一个计划。卡洛斯居住在一个城市，工作在另一个城市，对待工作非常上心。每个工作日他都会早早地到公司，勤奋工作，下班后去健身，然后再回到居住处。每个周末他都可以愉快地享受家庭生活。作为一个内向者，卡洛斯对这样的生活基本感到满意。

卡洛斯认为扩大自己的职业社交圈会对他的事业发展有益。然而他性格内向，对漫长的团体活动感到疲惫不堪，需要有足够的独处时间，与人一对一的交流是他展示活力和热忱的最佳方式。

挑战具有主观性。我们一致认为，让卡洛斯与一位不太熟悉的业务伙伴一起吃午餐或者喝咖啡，每月两次，持续三个月，这对卡洛斯而言是个可以实现的目标。我们还为他做了张表格来打卡。我深信贴纸打卡表对成年人来说是非常有用的。这种表格流行这么多年是有原因的，在一个个小格子里标注自己的成就会让人有种满足感。

如果卡洛斯把目标宽泛地定为“多多外出”会怎么样呢？这种目标注定不会达成，因为成果无法衡量，只会让内向者陷入深深的自责中，怪自己缺乏意志力。然而罪魁祸首是不够精确的目标，从一开始它就注定了无法实现，这导致很多人培养新习惯时都会受挫。然而多亏了这套体系，卡洛斯不仅实现了目标，还养成了主动与人交往的新习惯。

结果性目标包含五大要素，这五大要素是实现持久性行为转变的基础。

第一要素：肯定句

以肯定句来陈述你的目标。第四章“自我对话”中提过，大脑永远通过主观去控制不许想某事，而只能被控制去想某事，因此，每一个目标都可以从否定句改写为肯定句。

即，把目标写成“我要停止回避社交活动”一定不管用，写成“我要在接下来的四个月中参加两次社交活动”才有用。

第二要素：可控性

虽然人与人之间是通过相互联系、相互依赖来获得资源的，但是合理的目标应当是处于你自己可控范围内的目标；不合理的目标则需要你通过改变个性，改变自然行为，需要使用超出你能力范围的技能趋势线，或者需要别人帮你，而不是自己做出更多努力。

第三要素：背景条件

设计合适的目标能在既有挑战又能实现之间达到完美平衡。如果你认为某个目标是不可能实现的，你就根本不会去尝试。如果你认为某个目标是小菜一碟，那么你同样没有动力去做。“有挑战性的目标”能给人提供最大动力，让人尽自己最大努力来完成。

第四要素：生态性

即你的生活有自己的生态系统。如果一项目标导致了某种失衡，它就有可能扰乱系统中的一切。和谐的目标能与你生活中的其他关键要素（比如睡眠、健康或个人关系）互补。一个远大目标也许在目前各因素综合下无法实现，但是换个时间换个地点，在生态系统平衡的情况下，可能就会进展得很好。

第五要素：可衡量

想象自己是一个侦探，正在寻找能衡量目标完成情况的线索。想一想，什么证据能让我们知道自己成功了？其实，把大目标分解成若干可达成的小目标即可。比如，把“我要扩大社交圈”改成“我今天要报名参加5月的年度行业大会，并且要立刻安排出行计划”。这样可量化的目标，你要么做了要么没做，一目了然，很难糊弄过去。

行动起来

结果性目标

下面是一个你个人专用的模板，回答下面问题来打下基础：

我想要什么？怎样设定结果性目标才能让我成功呢？

____

____

____

____

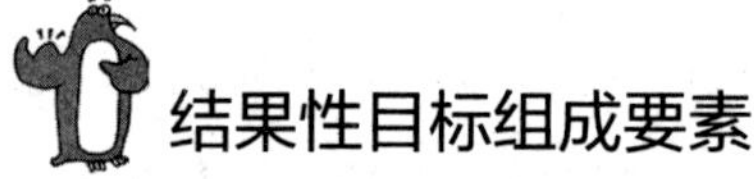

结果性目标组成要素

A.用肯定句来陈述你的目标。比起避开你不想要的事物，朝着你想要的东西前进能够让你做得更好。

我的目标是：

____

____

____

B.**保证目标是在你自己可控范围内的。**过度依赖外部条件的目标不是好目标。

我有发起和实现这个目标的必要条件吗？如果没有，那我需要得到哪些支持、技能或者材料？

____

____

____

C.**把目标放入大背景中。**目标的大小以及范围都应适当。我们对那些需要勇气的目标最有干劲。

我将在何时、何地、与谁一起实现我的目标？

____

____

____

D.选择一个与你的生活体系相协调的目标。让你的目标能与其他要做的事同步进行。想想要实现这个目标可能会给生活的其他重要部分带来哪些影响。

要想实现我的目标需要放弃哪些事？需要开始做哪些事？

____

____

____

E.以一种可感知、可衡量的方式描述一下你的目标。你要知道怎样才算实现了自己的目标，并尽可能详细、具体地描述这个目标。

怎样才能证明我达成了目标？成功实现目标看起来会如何？听起来如何？会让我有什么感受？

____

____

____

一旦确立了目标，立刻开始行动。

在一周内，我的第一步是……

____

____

____

立刻采取行动能快速将你的想法转为切实的改变。世界上有很多在一开始雄心勃勃制订目标的人，最后真正能完成目标的却少之又少。我有种预感，你就是那少数精英之一。

以上框架几乎适用于任何类型的目标设定。

记住，与他人分享你的目标能提升目标的有效性。把你的计划告诉别人，能让你做出的承诺更加可靠，得到他人的支持并且增强自己的责任感。我知道对于内向的人来说这是种挑战，但是你可以考虑一下把自己的目标告诉一两个密友。大多数情况下，这样做不会让你后悔的。

第九章

找工作

明智如此简单。想几句蠢话，

然后不要说出来就好。

——山姆·李文森

小测试：

什么情况下内向者和中向性格者才会在面试中滔滔不绝说个不停？

答案：

当他们准备不足时。

找工作使许多人感到难为情，因为人们都想隐藏自己的真实状况。不管你是哪种性格，这都对你没好处。建议把羞耻感放到一边，把找工作当作工作本身。

在我职业生涯的早期，曾经有一位很有影响力的老板这样描述他在职业生涯早期的状态：“找工作的时候，我会跑到城里最高的山上，最大声地喊‘我需要一份工作！’”与其对自己的失业状态遮遮掩掩，还不如像这位老板那样把这件事告诉每一个人。这样，你所遇到的每一个人都会成为你的私人就业中介，并且有可能成为你通往下一个高峰的快速通道。内向者们，我知道你们现在还很犹豫，但是这么做是值得的。

几年前，在同一家公司工作三十几年这种事很常见，而现在这变成稀奇事了。什么意思呢？就是你遇到的每一个人都至少换过一次工作，包括失业、被裁员、下岗或公司重组等原因。

市场需求会发生变化，人们的职业生涯也会改变。要找工作的绝对不止你一个人。

除此之外，许多非常成功、独立的专业人士，如自由职业者、推销员、艺术家、承包商、咨询师等，也一直处于找工作的状态。

快速判断

回想一下，有时仅在片刻间见过某人一面，你就会推测出这个人整体的性格特征。你当时可能是在机场、电梯间、等候室或者是被堵在车流中，你看到他，内心迅速开始出现独白，总结出了这个陌生人的全部人格特点，速度快得都不会错过一站地铁。

案例笔记

只有外向者才能申请

我有一位客户名叫艾萨克，是位商业分析师。他告诉我在一次面试中，自信活泼的面试官问他："你是内向者还是外向者？"没等他回答，面试官又接着说道："我是个外向的人！"外向者们都喜欢这样。她的一言一行都传递出一个信号——她在找一个同样外向的人。谈话开始的时候，她也曾以一种不太巧妙的方式暗示过，她认为外向者具有做这项工作所必需的特质，销售行业的人需要具备管理能力。

艾萨克的大脑飞速运转。他真的很想得到这份工作，也知道自己是个内向者。他想了一会儿，带着灿烂的笑容注视着面试官，说道："我是个自信的内向者！"艾萨克之所以这样说，是为了打破人们对内向者的固有印象，即认为内向者在某些领域不可靠、能力不足，在社交方面也有障碍。在整个交谈中，艾萨克都展现出了他的自信以及积极态度，向面试官证明错过像他这样的人将会是一大错误。不到一周，艾萨克就接到了入职通知。

许多人在其他方面都很聪明，但是总搞不清内向与外向的真正区别在哪儿。请像艾萨克一样，努力成为内向者的代言人，遇到错误的刻板印象时及时澄清真相。不要退缩、不要慌乱、不要打架、不要联系你的律师，你只需要把内向者真正的性格特点告诉他们就好。

我们的大脑习惯对事物进行归类，通过观察，大脑会收集数据，然后得出结论。"他公文包里的东西乱七八糟，这个人肯定一团糟；她打电话声音很大，真不尊重人；他在看窗户上自己的倒影，一定是个自负虚荣的家伙。"

亲爱的，我要告诉你一件事，你不是唯一一个下结论快得像参加蹦极大赛的人。你同样也会受到别人的快速评判。那么，面对快速判断，找工作的人应该怎么做呢？

分清你能控制和你控制不了的事。

你无法控制别人的看法，但你可以在任何时候都展现出最好的自己。外向的人天生更擅长打扮，因此如果你欣赏某个朋友的风格，可以让他给你提点好建议。他可以告诉你如何提升自己的外在形象。与此同时，也要注意你在网上的形象。不要觉得职业网站和社交网站是完全不同的，潜在雇主或者招聘人员也经常在大众社交平台上浏览你所发的东西。凡事都要谨慎一点。

接下来：走出偏见，专注于第一印象。

做好准备

最万能的社交技巧就是——微笑。别怀疑，听我说：

1.微笑是非言语行为。这意味着：你不需要说话！

2.微笑能避免让你看起来非常冷漠。

3.微笑传递自信，微笑的人看起来一切皆在掌控中。

4.微笑让他人也很放松，微笑是热情的表现。

5.微笑让自己开心。科学实验证明了——行为可以影响情绪。

马尔科姆·格拉德威尔（Malcolm Gladwell）在他所著的畅销书《眨眼之间：不假思索的思考力量》（2005）中阐述了一系列科学研究，研究表明：情绪可以……从面部表情开始。格拉德威尔解释说，不仅好心情可以让人微笑，微笑这一动作也可以给人带来好心情。

也许你认为：

- 我不爱笑。
- 我不想笑的时候真的笑不出来。

感谢你对我坦白。然而，世界上没有免费的午餐，要想有所收获，总要有所付出。在走进房间前，下意识地挤出一个笑容比天底下任何饰品都要便宜，效果也更好。微笑是低风险、高回报的投资。想想开心的事，让你的笑容更真实，迅速完成这一切吧。

爱抱怨的人永远不会成功！

案例笔记

小甜点，大世界

有时在演讲开头，我会让与会者在房间里找一个自己不认识的人，最好是素未谋面的人。每两人一组，都拿着纸和笔，在我阐明要求之前避免交流。

分好组后，我会告诉他们共有60秒的时间来相互交流自己最喜欢的甜点。中间我会让一个人停下，换另一个人说。60秒结束后对话停止，我让大家仅根据刚刚简短的互动，写下三个词或词组，描述自己的搭档。写下自己最先想到的东西，无论什么都可以。我给出了几个例子（好奇、果断、顽强、干练等）来给他们一点提示。接着，我让他们把自己写下的形容词拿给搭档看，然后告诉对方他的描述到底准不准确。

接着，我告诉他们，如果觉得搭档对自己的描述没错，请举手。结果非常一致，几乎每个人都举了手。虽然大家用的形容词基本上都是正面的，但都很具体且不可互换。比如有人用了“乐观”，有人用了“无忧无虑”。

参与这个活动的数千人来自各行各业、各个国家。在听完对方用30秒描述最喜欢的甜点之后，没有任何人拒绝用三个形容词来描述一个完全陌生的人！虽然互动接触很少，但大家都很快形成了第一印象，每个人都选出了三个词。这个活动证明：

- 人们形成第一印象的速度堪比闪电。
- 人的最初感觉可能非常准确。
- 给人留下好印象比一直试图评判他人更有价值。
- 言语举止可以帮助我们对他人的行为性格进行归类概括。

如果你的搭档说“世上有那么多美味的甜品，我实在是选不出最喜欢的”，我们就可以得知这个人并不是非常果断。如果有人描述了糖霜的样子，我们就知道他很专注细节。如果有人想起最喜欢的姑妈做的苹果派时眼角含泪，我们就知道他很感性，或者他真的很喜欢苹果派。

有时第一印象几乎是瞬间产生的，甚至在说出第一句话之前就产生了。双方的交谈不过是……锦上添花而已。

第一印象形成得如此之快，那么要想改变第一印象有多难呢？粗略调查显示，改变人们的第一印象所需的时长，从“再见面8次”到“几乎不可能”到“完全不可能改变”都有。

在商学院我所学到的这个数字是200——你所提供的信息量是第一印象形成信息量的200倍，才能改变第一印象。如果你没注意到的话，我得提醒你，这是个很大的数字。你在几秒内就判断出了我是什么样的人。然而如果你很快就判定我很粗鲁、无聊或者生活基本上就是一团糟，那么我需要付出200倍的努力才能推翻你对我的看法。但我们都知道，我可能不会再有机会让你了解我。尤其是如果你是个懒人，一定要给人留下好的第一印象！实现这个小目标有什么捷径吗？

那就是表现出对别人感兴趣的样子。

这样做会产生“光环效应”。如果我喜欢关于你的某件事，比如说你的笑容，那么我的潜意识就会传递并且扩大这个信息。我会认为关于你的大部分事我都喜欢，接着你头顶上就会出现一个可爱的隐形光环！我会认为你聪明、活泼、合群、善良、体贴、有趣并且乐于奉献。好的第一印象能给你带来巨大的回报。

现在来聊点关于你的事

在找工作时自我推销可能看似令人恐惧又惹人讨厌。别担心，在说之前先计划好，写一段关于自己的简短“广告”

并加以练习（循序渐进），在需要的时候把这段微型演讲有节奏地说出来。向那些好的电视广告和电影预告片学习，不要把所有话都说出来，而是诱导听众，让他们想要了解更多。

你参加过那种拿着话筒朝大家讲话的硬核社交活动吗？参与者每人有30秒的时间来向大家介绍自己。尽管这种机会让很多人光是想想就望而却步，但这个理念还不错。问题在于，你该说点什么呢？如果人们向你提问你该怎么做呢？你准备好了吗？如果没有，下面这个练习可以帮到你。先别急着谢我，等下再谢也不迟。

了解一下“30秒电梯推销术”（是的，你可能听说过）。你可能更喜欢花上几分钟絮絮叨叨地介绍自己，但是这么做见效甚微。简洁的语言更有效、更能打动人，做过听众的你应该知道这一点。

许多人不愿花时间准备一段推销词，认为自己没什么成功的可能性。这种做法是非常不负责任、非常愚蠢且目光短浅的。你不属于这一类人。“电梯推销”一词起源于一个假设的场景：你同一个非常有影响力的人处在同一间电梯里。他出人意料地问你：“你在这里做什么？”这趟电梯是你第一次，也可能是唯一一次能让他完全关注你的机会。你会怎么做？

我听过很多利用好这一绝佳机会的故事，让人惊奇又敬佩。我曾经听到一位高层主管为了逗一群新星开心，讲了自己30年前的一段经历。他在电梯里遇到了自己的部门主管，并且已为此次几率渺茫的会面做了充分准备。这位“电梯主管”之后成了他的导师，此后一直指导并推动着他的事业发展。

听起来是不是很值得？

一段好的自我推销词应该简短灵活。我可以帮助你，现在拿出笔，打开思路，我们开始吧！

行动起来

三十秒的我

你希望你的电梯推销词（当然，也不一定非要在电梯里）能带来怎样的效果？你最可能在什么时间、什么场合用到这段推销词？是在工作中、社交活动上、差旅中、面试中还是教育活动中？这会成为你微型演讲的预设背景。这里的演讲，指的是最宽泛意义上的演讲，因为其非常简短，且缺乏大部分演讲都有的正式性。

最可能用到的场合：

其次可能用到的场合：

你用这段推销词的目的是什么？用来找工作、发展生意、找一位导师、建立职业社交网还是找到合伙人？

主要用途：

次要用途：

推销词中即使是那些看起来再清楚不过的地方也需要仔细斟酌。举个例子，你可能认为“还有比我叫什么更简单的吗？”注意了！即便是如何介绍自己这样的问题也需要深思熟虑。女性在介绍自己时常不说自己的姓，这可能会削弱她们的专业性。你希望别人对你的称呼正式些还是随意些？你是用自己的昵称还是用缩写？请提前想一想。

“你是做什么的？”这是初次见面时永恒不变的问题。同样，你的答案可以说明很多问题。我可能会说自己是个咨询师、作家、讲者或者教练。一位同事把自己介绍为“企业老板”，说明比起工作内容，她更在意自己拥有一家企业的这个事实。

你是做什么的？

你想做什么？

你最骄傲的是什么？

什么让你与众不同？

工作中是什么在激励着你？

做足背景功课，看看你所写下的东西。把你最喜欢的元素组合到一起，写一段不超过六句话的文字。

____

____

____

____

____

____

这些微型演讲的目的并不是把你的所有信息都传递给对方，它们的作用相当于预告片或者迷你广告。好的自我推销词会让你刚认识的人想要花更多时间与你交谈。只要意识到了这一点，你就不必试图用短短几句话概括你整个职业生涯了。要引人入胜，不要包罗万象。

从我的指导经验来看，许多人的开场白都很无聊。这是无效的！大家在一开始就想听到有意思的东西。你可以给对方讲讲工作中你所热爱的部分，或者简短地讲件趣事，让听众入迷。谈论你感兴趣的事能使你所说的更具吸引力。热情是可以传染的，当听到别人讲述一个关键时刻时，你会明显感觉到自己的情绪高涨起来，而听别人机械地重复无聊的统计数字时，情况则恰恰相反。

听众会收集两类信息。一类是数据，比如：我从一所名牌大学毕业，我两年间得到了五次提拔。另一类是发现你的性格特点，包括你的外形如何、你的态度是否真诚等。大部分听众并没有意识到，自己正从这些不太明显的要素中获取信息。然而，正是这些要素构成了听众做决定的基础。根据这些要素，听众决定自己要不要与对方继续对话，并且建立起人际关系。

先自己对着镜子练习，然后找一个可靠的人一起练习。给自己计时！先练习最可能用到的场合，如果达标了，再继续练习其次可能用到的场合和目标。

循序渐进

恭喜，你进入了面试。

你所做的努力和练习终于有了回报！面试安排在下周二上午10点。你有以下几个选择：

A.和朋友们一起开派对庆祝一下

B.以好好休息为名睡上一整个周末

C.集中精神，做好调查，进行演练

对不起，让你扫兴了，但是让我们在拿下这份工作之后再庆祝吧。

面试技巧

我曾做过一段时间的面试官，所以在这方面可以给你很多建议。

- 准备最新简历，并带好复印件。
- 毕业时间最能暴露年龄，可以考虑把它去掉，避免潜在的年龄歧视。
- 最大程度地尊重那些扮演“相关”角色的人，比如接待员、助理、保洁员以及服务员。这是一种很好的表现形式，能展现出你的性格特点，并且还可能帮助你拿下工作。
- 换位思考，想象自己是面试官。做好调查，重点突出你的附加价值具体在哪儿。
- 如果在面试官的办公室面试，那就看一看自己周围的环境。桌子、墙、架子都是你与人交谈、建立联系的素材。
- 不要东拉西扯！开头要简短，后面可以停一下，询问对方是否需要你进行详细阐述。

面试官几乎肯定还会问，你还有没有问题。准备一些能展示出你对这个职位了解程度的问题，让自己不同于那些只在乎薪水以及福利的申请者。

准备一些与工作无关的个人轶事，如果被问到便可以拿出来分享。我曾听到一位外向者将内向者描述为“戒备心强、不愿多说”。虽然我不喜欢这个负面评价，但是内向者确实容易看起来很冷漠，除非提前准备过“自我介绍”这个环节。

最后，可以问问对方是否还有什么问题。回到家后，立即给对方发一条感谢短信。

如果你过去曾有过面试经历，回顾一下是什么帮你得到了工作，或者让你失去了机会。如果你没有被选中，可以礼貌地问一下对方为什么你没有得到这份工作，答案将对你至关重要。

下面有几个面试场合需要特别注意。

电话及视频面试

此类面试可能会出很多乱子，要提前做好计划。明确联系方式，谁发起通话？是视频会议还是用Skype？用手机还是用办公室座机？对方的电话号码或者会议ID确认了吗？

时差计算正确吗？提前把这些细节确认好并写下来。将会议日期设置日历提醒，并且提前一天设置备忘录。提前登录联系方式的后台，以防出现技术问题。然后，找一个信号强、干扰少的地方。

如果是视频面试，要打扮好，调整光线，找一个好的角度面向镜头。注意一下你的背景！

我在这方面犯过很多错误，就让我给大家当个教训吧。

在餐厅面试

有时你可能会受邀一边吃饭一边面试。为了这顿免费的午餐和朋友击拳欢呼后，一定要注意下面的建议，非常关键。

做好调查。一位同事在得到和三位高管共餐的机会后激动不已。在就餐时，他点了健怡可乐。但是这家餐厅的网站上突出标明百事是其首要合作伙伴，所以完蛋了，兄弟。这就是他没有事先查看这家餐厅网站的后果。

不要粗心大意。仔细看好地址、交叉路、最近的公共交通点或者停车场。曾经有一次，我在东杰斐逊等待一位面试者，结果他把东杰斐逊和西杰斐逊搞混了，迟到了30分钟。等他到了，我已经开始会见下一位面试者了。我并不是故意惩罚他，我也是受时间所限。面试者们，记得给自己留出一些处理临时错误的时间，注意好这些细节。

仔细研究餐厅网站，查看其装修风格以及菜单。尽管知道网上菜单同应季菜品可能有所不同，但还是要提前计划好，避免到场之后犹豫不决。如果你有忌口，可以提前联系餐厅排除一些选项，这样就不必见面之后与服务员讨论半天了。

点菜时要仔细考虑。不要点最贵的，而要选择那些吃起来比较容易的食物，也就是说不要点意大利面或者炸玉米饼，不要点那些可能会塞牙的食物，也不要点酒类或者超大份甜点。

让他人先点单，据此调整自己要点的菜品。如果没人点开胃菜，那么你也不要点。如果别人都点了早餐自助或者午餐特色菜，那么你也可以考虑这些选择。

这是一次职场会面，而不是朋友聚会，因此吃是次要的。除非你面试的职位是副厨师长，否则不要拿面包抹酱汁，或者问人家味道怎么样。

主动付款。账单送来后随手拿出钱包。大多数情况下，对方不会让你付款，当然你也不要坚持付款。

信息获取面试

信息获取面试的目标是为职业发展或转型搜集数据及见解。双方都知道此次面试并不会直接提供工作岗位——要么是因为没有职位空缺，要么是因为面试者目前的经历和资质还不够。在这种面试中要求得到工作机会是不合适的，但是最好还是带上自己的简历。你可以得到建议，知道自己哪方面技能有所欠缺，知道如何朝着你的目标前进。

尽管对你而言，安排同潜在导师共进午餐是头等大事，但对他而言则并非如此。你在他的待办事项中并没有那么重要。这是事实，不是故意打击你。

另外，不要一开始就认为对方地位很高又很忙，贬低自己。记住这一点，想办法让对方更容易接受你的邀请。在他有空时，安排一个简短的会面，并且要尊重他的偏好。询问对方何时何地见面最佳。找几家最近新开的餐厅，提高对方和你见面的吸引力。

我经常收到想换工作的求职者以及学生在此方面的问题。同其他面试场合一样，要准备好高质量的问题；要友好，不要惹人烦；着装要得体；结束后要优雅地表达感谢。提前做好功课很重要。如果有人想“了解我这行”，却连我的网站都懒得看，书也懒得翻，那么我便不会热衷于为这些准备不足的拜访者提供指引。

不要争辩！如果对方告诉你，想要得到你的理想工作，博士学位非常重要，而你又非常不想读博，那么就保持低调。你可以再寻求他人的建议。不要生气或者同对方争论。你最不想听到的建议可能恰恰是最重要的。

准备好做笔记。在这种情况下，笔和便签簿比平板电脑或者手机要好，因为后者可能会让你分心。最近我与两位雄心勃勃的创业者见面，给他们提了很多建议，还给出了一些联系人。结果他们一个字也没有写下来。

要坦率。一位同事偷偷告诉我，他的朋友爱德华已经失业几个月了，想让我去见见他。我同意了。我提前做好准备，去帮助爱德华搜集信息、更新简历、练习面试技能。不幸的是，爱德华对自己目前的职业状态感到非常难为情，称自己是一位收入丰厚的受雇咨询师。他浪费了这次机会。失业让人难以接受，然而我们大多数人都可以理解。找工作是完全可以被接受的，并不代表着性格缺陷。一次成功的会面可能会帮你找到新选择、理清前进的道路、找到一位导师或者得到有用的引荐。

案例笔记

醒来闻见咖啡香

经常有人向我询问社交、办公室政治、出版等方面的建议。时间久了，大部分会面都混在了一起，模糊不清，只有几次仍记忆犹新。曾经有位熟人问我能不能见面讨论一下她即将到来的事业变动。我们说好早高峰时段在当地一家咖啡厅见。她问我最喜欢哪种咖啡，表面上看似是她如果先到就先帮我点，实际上，她做了安排。她特意提前到，买了一个高级旅行马克杯，里面装上了拿铁。我一到就收到了这份礼物，以及她的“谢谢”！每次我用这个马克杯的时候，都会想起她的这份好心。

大学以及研究生院面试

我参与过知名大学研究生及本科的面试，下面我来讲讲其中的奥秘。学校已经有了你的平均绩点、考试成绩以及其他量化资质，面试的目的是了解你的活力、目标以及性格。你无须背诵自己的简历，只要随手把打印版简历递过去就好。同时，你还可以呈交一些有趣的作品，比如小有名气的出版物、媒体采访的小片段、不同寻常的奖项或者成就。最多三个，不要太多。

展示你对学校的了解。展现出你特定的兴趣，而不是想着随便哪所学校能录取你就行。学校录取的是那些最有可能被录取，并且能茁壮成长的学生。你对学校、对社会能做出怎样的独特贡献呢？我从不建议录取一位空有好成绩却平庸无光的学生。对一所学校充满热情和喜爱的学生应该在面试中得到更高的分数。

把握节奏

不管是找工作还是申请学校，不要逼着自己参加方圆30里内的每一场社交活动。每个月可以尝试着参加一到两场，衡量一下自己的效率、内在反应以及跟进能力。参加那些类型、规模、举办频率同你时间安排最合适的活动。少量目标明确的活动能让你获得更大回报。

不想社交的时候怎么办？我为你准备了别的活动……

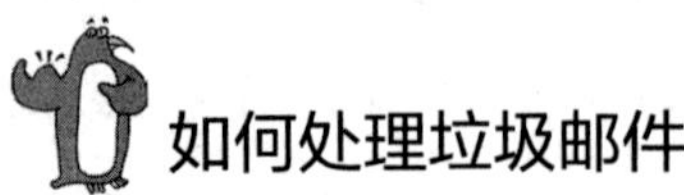

如何处理垃圾邮件

定期检查一下你的垃圾邮件，这个建议可能不是那么让人有兴致，你就勉为其难地和我一起看一下吧。

倒一杯茶或者一杯啤酒，打开你的垃圾邮件箱，边喝边滚动鼠标吧。为了给这项活动增添一点魅力，想象自己是在西部荒原淘金。是的，你猜对了，99.9%的邮件都是垃圾邮件！然而，剩下的0.1%可能是很有价值的线索，可能会价值数百万。

怎么做才能保证你的邮件不被当成垃圾邮件？

不光邮件标题要写得具体，比如写上你的名字或者引介人。类似“大好机会”这样泛泛而谈的标语也很有可能让人觉得这是封垃圾邮件。此外，拼写错误以及过分激动的标点都容易导致邮件被标注为垃圾邮件。

行动起来

你的工作网格

社交可能会变成一项模糊无系统的任务。如果你不能像变形虫一样多变，那么你可以调整体系，重新梳理一下你投入在社交上的精力。工作网格是一个能帮助你打好基础的框架结构。

工作网格的使用方式如下，你可以在每一格中输入不超过四个名字。

A格中是你遇到的与你貌似有共同利益的人。

B格中是那些想要和你持续保持联系的人，但是你目前还不确定和他们往来所能带来的好处或者你是否有兴趣。

你对C格中的人很有兴趣，但他们现在似乎还没有注意到你。

D格中是潜在联系人，即那些你通过小道消息认识的人，或者通过别人知道名字的人。你要么还未同他们见过面，要么和他们还不太熟，所以他们不了解你的现状。

<table>
<tr><th>我</th><th>很感兴趣</th><th>不太确定</th></tr>
<tr><td>他人</td><td rowspan="2">A格
（1）
（2）
（3）
（4）</td><td rowspan="2">B格
（1）
（2）
（3）
（4）</td></tr>
<tr><td>有兴趣</td></tr>
<tr><td>未受对方注意</td><td>C格
（1）
（2）
（3）
（4）</td><td>D格
（1）
（2）
（3）
（4）</td></tr>
</table>

有条理的社交者在任何时候身边都会有上述四类人。在你发展这些关系的同时，网格中每个联系人的位置都可能会发生变化。

注意：扩大主动交往人数可能会使你同时陷入过多循环。

第十章
商务旅行

你每次与他人见面，都给对方留下了点印象。

——弗雷德·罗杰斯

小测试：

a.在商务旅行中，外向者为何同你共进晚餐？

b.内向者为何同你共进晚餐？

答案：

a.经过漫长的一天，要通过一起吃饭聊天来放松一下。

b.为了避免让自己看起来很无礼。

现在让我们来谈谈下一次洲际航班上你的邻座。

“啊！”我在这儿都能听到你在大叫，你说：“我不想在飞机上和人聊天！”那你还好奇为什么自己人际关系不好吗？

在这趟航班上，至少90%的时间里你可以无视你的邻座。我只要你剩下大概10%的时间处理你们的关系，这很合理吧。

我理解你不想在飞机上与人交谈。旅行消耗能量的速度比旧手机的耗电速度还快。不过，我还是在飞机和火车上结识了非常棒的人，这个过程也并不痛苦。

做好准备

我最喜欢的一次飞行经历是这样的：当时我系好安全带后，正在看会议评估，完全没有注意到身边其他乘客。这时，和我坐在同一排的一位乘客打断了我，问道：“你是咨询师吗？”

我一头雾水，答道："你怎么知道？"

他便承认自己偷偷看到了我的反馈表，于是我把一堆表格递给他："给你！"

原来，他是一家市场营销公司东北地区的职业发展副总裁，最近刚刚上任。他略过了那些评估材料，拿走了我的名片。接着第二天便联系我，请我去进行了一次培训会。

通常情况下，你需要稍微主动一点。

你永远也不知道坐在你旁边的人是谁。所以我请求你，吸取我的教训吧！

案例笔记

内向者、旅行、发消息

在商务旅行中，人们越来越依赖电子通讯方式，那么内向者适合发送电子消息吗？

一位内向型客户曾经称自己坚决反对技术产品，但他承认自己喜欢电子邮件。他解释道，"用电子邮件能让我反复思考自己的答复，在说话之前完善一下要表达的内容，当我感到疲惫不堪时，我可以不必同别人说话。"给人留空间进行思考是电子邮件的一大优点。另一位内向者透露，"不必与人对话就能进行沟通，这对我来说极具吸引力。"

外向者一般更喜欢即时通讯，这类方式更类似于一来一回的对话。有时，内向者会以电子邮件的方式回复对方，这是一种策略，用来打消对方对即时对话的期待。

我们前面曾说过，各种类型的文字消息都意味着我们会遗漏细微的语气以及非言语信息。我曾听过一些人对文字对话的理解，听了之后会让你头大。有一次，一位客户非常生气，因为有封邮件结尾写的是“谢谢”，而不是“谢谢！”，仅仅缺少一个感叹号，但他极力反对这种做法。还有一位认为短信中表示肯定的“好……”代表着事情根本不好。更不要提输入法自动更正拼写所引来的麻烦了。

面对面交流是无可替代的。这就是尽管有视频会议，现实中双方会面仍然是一个重要的商业策略的原因。

趁着脑海中的对话仍然清晰，返程的飞机或者火车上是快速写下“见到你很高兴”这类短信的绝佳时机，而自己开车回家就会遗漏这个时机。

当我还是康奈尔大学工商管理硕士专业的一名学生时，我坐飞机从纽约伊萨卡飞往曼哈顿，去参加一个非常重要的工作面试。坐在我旁边的是一个仪态端庄、头发灰白的男人，他正忙着编辑文章。我没有在意他，只顾着看航班上的航空公司的材料（对于一个26岁的学生而言这很新奇）。那个人主动和我搭话，然而我并不感兴趣，于是便随口问道：“你在做什么？”他回答：“写一本书。”我笑了一下，回应他：“好吧，祝你好运！”接着继续看我的材料。

落地之后，我走下飞机，和我们班其他四个同学一起上了一辆出租车（我们当时没钱单独坐一辆车）。他们欣喜若狂地挤进来，然后跟我说：“我们简直不敢相信！你太幸运了！你怎么遇上了这等好事？”而我完全不知道他们在说什么。

原来，除了我之外，大家都认出了我的邻座是康奈尔大学的校长——一位颇有名望的学者，同时也是位受人敬重的商人。另外，大家都知道他乐于指导、帮助学生。我失去了一个送上门的绝好机会，后来的遗憾数不清。

我并不是还在为此追悔莫及，但是建议不要让这种事发生在你身上。

如今，我已经完全不记得那次旅途是为了去面试哪个公司或者哪个工作，但我记得我没有拿到那份工作。唯一残留下的记忆是我冒失地对待校长，这件事永远刻在了我的脑海中。

所以在此提醒诸位，你遇到的每个人都可能从一个完全陌生的人变为你生命中的重要角色。这种可能性值不值得你花上几分钟认真对待呢？你不需要在整个途中一直聊天，只需要坐下来时愉快随意地和坐在同一排的乘客打个招呼。我会带口香糖上飞机，好在起飞和降落的时候吃，还会和同一排的乘客分享。他们吃不吃并不重要，但这是可爱又合时宜之举。

以下是其他几种开场白，使用哪一种要取决于你座位的位置：

■ 你想让床帘拉上还是开着？

- 你想看这份报纸/杂志吗？
- 要我帮你打开灯吗？

接着，你就可以继续工作、看书或听音乐了。等到要点饮料或者小吃时，开始第二轮对话。要愉快一点，说上一两句话。如果对方的回应热切，那就接着说上几分钟，然后友好地微笑一下，选择以下某句作为结束语：

- 真不巧，我还有很多工作要做！
- 不好意思，我要接着看书了。
- 落地前我真得睡上一小会儿。
- 和你聊天很愉快！

回复时态度要坚定、友好。

有时，你会发现自己真的很想继续这段对话——也许是因为你觉得之后确实有可能建立起一段关系，或者你感受到了一种自然而然的吸引力。无论是哪种情况，只要你感觉双方都有兴趣，那就继续享受交谈的乐趣吧。

然而，事情并不总是那么顺利。有一次，在我傻傻地给一个外向者递了份杂志后，他絮絮叨叨地给我详细讲述了过去四个月他繁忙的旅程以及其中的辛苦。我听了几分钟，实在非常无聊，便挤出了一个深有同感的微笑，打断了他的喋喋不休，夸赞了他坚韧顽强的品质，然后从上文提到的四句通用结束语中选了一句，结束了对话。他立刻转向了过道旁的另一位乘客，无缝衔接地继续我们刚刚的对话。

总而言之，享受你的独处时光，然后在快要落地时再次展开对话。此时，能用来交谈的时间有限，你可以友好地结束这段旅途。递给对方一张名片，祝他一切顺利。如果你真的想同他继续联系，那就向对方要一张名片。这个方法很有效，我屡试不爽。

如何礼貌地结束一段飞机上或者火车上的对话，对于这个问题，内向者和外向者看法大不相同。如果有了一段实质性的对话，那么内向者极有可能会在对话结束时选择某种方式继续与对方保持联系。外向者则更倾向于简单地说再见。一位外向者告诉我，有一次，他和同排一位乘客发现他们最喜欢的作家是同一位，接着进行了长达5个小时的热烈讨论。快要下飞机时，他们热情地祝福彼此，欢欣鼓舞地向对方说“生活愉快！”这就结束了。这位外向者认为这次相遇是一段宝贵的经历。

主动与人交往是一项非常值得的投资。有一次，在熬过漫长的一周后，我坐火车从纽约返回华盛顿，我唯一想做的就是望向窗外，偶尔在手机上玩一会儿填字游戏。尽管如此，我还是遵守我的规矩，拖着沉重的身子坐好后，打起精神和邻座打了个招呼。他也是刚结束一段筋疲力尽的旅程，要返回家中。仅仅5分钟的时间里，我们便发现了一系列惊人的巧合。说是机缘巧合、命中注定也好，说是凑巧也罢，我们在业务、旅行、背景以及行业上都有相似之处。自此之后，我们便成了朋友以及合伙人。

循序渐进

优先考虑在你觉得有意思的场合进行活动。在华盛顿曾有一场为期四天的会议，我知道如果每场活动我都参加的话我会崩溃。这四天，每晚都有一个不同主题，有一场活动是在国家航空航天博物馆举行。我选择了这场活动，因为我对这个博物馆本身就很有兴趣。我活力满满、全神贯注于这场活动，因此结识了许多新朋友。

行动起来

展开对话

在行业大会上，你遇到一位外向者，他立刻就开始介绍自己。在你看来，他说的大部分都是私人信息，但你又意识到，你是带着内向者的主观滤镜看待这一切的。你会做出以下哪种选择：

A.认真倾听，问一些相关的问题直到要告别。

B.尽管有些尴尬，但还是讲一下自己的个人生活。

要兼顾上述两个选项，好好规划。A选项看起来吸引人，然而，单向关系并不长久，对双方来说都有些无聊。

值得庆幸的是，你非常明智，选择读这本书。我们可以一起为你未来的会面做好准备，准备好具体的策略，消除尴尬。提前做好计划可以把一个令人不快的场合变得舒适愉快。

1.准备一份对自己有用的职业信息清单。

2.准备一份你愿意告诉别人的个人情况清单。

确保清单具有以下特点：

- 简短
- 正面
- 通用
- 易于解释
- 独特有趣

开始时，可以仿照下面的例子：

职业信息

- 目前的工作及工作地点
- 职业成就
- 早期或者过去做过的有趣的工作
- 鼓舞人心的语录
- 职业目标

个人情况

- 爱好或兴趣
- 最喜欢的地方
- 印象深刻的一次假期
- 家庭情况
- 个人目标

和一位你信任的同事、朋友或家人一起，以问答的方式大声说出答案是一件一举两得的事。记下这些选择，在需要的时候要能够快速在脑海中浮现出来。你的听众可以帮你把这些话不露痕迹地组织成一段对话——防止你说得缺乏连贯性和逻辑性。有些还可以改成开场白：

“我女儿肯定会喜欢这个地方的！”

“这里和波士顿太不一样了。”

“我晚上出门散步了，特别好——天气简直完美。”

“我有了自己的小花园，想种点像这样的辣椒。”

“这个项目做得非常好。组织一场会议可不容易！”

提问时小心措辞，也能为后续对话打开大门。总的原则是，开始时要提一些非私密的开放性问题，让刚见面的人能自己决定其答复时提供多少具体信息或私人信息。

“你对明天演讲的演讲者了解多少？”

“你住的离这儿远吗？”

“你什么时候到的？”

“对这里的活动你有什么建议吗？”

“你在这个领域工作多久了？”

“你以前参加过这种会议吗？”

类似的问题还有很多，多练习能更容易想出有新意的问题。做出积极肯定的回答，不要借机抱怨。惊人的是，人们总是反反复复做出批评性言论，这会揭露出很多性格特点。

- 这个食物选得不好。
- 他们就不能提供集体出行方式吗？

- 这些名牌粘性肯定不好。
- 看起来他们今年很吝啬啊。
- 我讨厌这些活动。
- 这个讲者永远也不会闭嘴是吧?
- 我真受不了这座城市。
- 天气真糟糕!
- 累死我了。
- 看看这些酒。
- 这家酒店越来越差了。

上面这些话我都听过，有些是在社交活动上听到的。这种话多到可以写满一本书，但这不会是一本鼓舞人心的书，而是一本冗长又啰嗦的书。你想和说这些话的人一起出去玩儿吗？反正我不想。所以，不要成为这种人。最重要的一点是，克制住自己，不要对别人做出负面评价。说这种机智妙语是不值得的。这种做法无可避免地会造成以下结果：听者会认为你也会这样议论他们。

我不建议一开始就询问刚认识的人的家庭生活。家庭对于很多人而言是一个敏感话题，还可能会让对话变得尴尬。然而，在合适的情况下，随意提起你自己的家庭，可能会让你们找到共同话题。比如说，听到“我女儿会喜欢这个地方”，对方可能会有以下回答：

- 她多大？
- 你有她的照片吗？
- 我也有个女儿……
- 我的儿子们很小，他们会把这里搞得一团糟的！

每一种答复都为建立联系提供了平台。经过深思熟虑的闲聊策略听起来让人觉得随意即兴，不露痕迹。

把握节奏

对于外向者而言，与人交际是工作中放松、犒劳自己的一种方式。而对于内向者来说，在满满的日程安排中还要社交，这简直能把人的精力耗得比撒哈拉沙漠还干。

曾有件事，如今想起还会觉得好笑。在一次集会上，我不小心挡住了一位内向者的路，他正逃离一群忙着聊天的与会者。他从我身边快速走过，随口丢下一句“我可不想卷入这种讨论旋涡！”外向者的友好交谈对于内向者而言竟然是个旋涡！这真是好笑。

说不

还记得上一次你在一场持续3小时、20多人参加的商务晚宴中无法脱身的情形吗？闲聊让你筋疲力尽，在漫长的煎熬中，就连你挑选的食物都被一种不明的酱汁浸透了。我保证，在我的帮助下，下次你一定会把“筋疲力尽”踢到一边去。

下一次，回复对方要简短。跟我读：“谢谢，但我今晚要放松一下。”不需要具体解释，也不需要道歉。透露细节会让别人在你的理由中钻空子。举个例子：

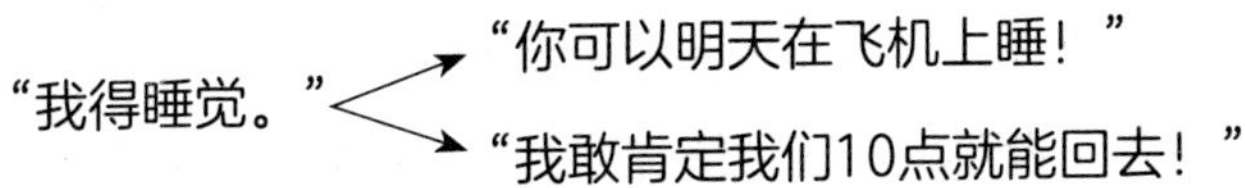

这样就会把话题带偏，引来争吵，而这原本是可以避免的。

再看看下面两个对话的例子。从中可以看出，外向者原本的好意慢慢就变成了内向者的压力，而这段行程也变成了一段令人后悔的行程。外向者执意坚持，内向者的反应也就发生了改变。

反面案例

外向者：“嘿，你今晚会和我们一起去吧？晚上6:30大家在大厅集合。”

内向者：“嗯……（没有事先准备好，试图临时做出反应）”

外向者：“太好了！今晚一定会很热闹的——先去喝酒，然后去一家超级棒的牛排餐厅吃晚饭。”

内向者：“啊，其实我今天已经有点累了。”

外向者：“你有1个多小时的休息时间呢！我们比别人早到一点，6:00酒吧见吧。”

内向者：“嗯，我再想想吧。”

外向者：“不要这么懒！大家都去。”

内向者：“我觉得我今晚要放松一下。”

外向者：“但你已经答应了，我们从没见你出去过，大家会议论的！”

内向者：“好吧。”（对今晚担忧不已，又埋怨自己）

正面案例

外向者：“嘿，你今晚会和我们一起去吧？晚上6:30大家在大厅集合。”

内向者：“我不打算去。”

外向者：“不要这么懒！大家都去。来嘛，会很有意思的！”

内向者：“谢谢。不过我今晚想放松一下。”

外向者：“什么？我们从没见你出去过，大家会议论的！哈哈！”

内向者：“我不去了。祝你们玩得开心。明天见！”

微笑，挥手，然后赶快躲进电梯间。

提醒自己，外向者们正充分享受他们的行程，很不错，而你也在享受自己的行程。

对自己独处时间的保护程度要取决于你的精力水平以及内向程度。一个精力有限的强烈内向者需要更多独处时间来给自己充电。精力较充足的轻度内向者则可能会主动加入别人，然后让自己早点回来。无论是哪种情况，为自己想好脱身策略，然后毫无内疚地离开。

行动起来

虚拟世界

欢迎来到“虚拟世界”！很高兴你和我一起以一种全新的、更好的方式对现实进行解构。

首先，写下一个你现在对社交的看法，什么都可以。如果你不懂我在说什么，想想你自己对社交的印象。想到什么写什么。如果你还是感觉不确定，那么看看下面的例子吧。

- 我不会社交。

- 大家不喜欢我。
- 如果我表现得很友好就违背了内心。
- 我无法做到更坚定、更自信。
- 希拉对我要说的没兴趣。

如果你装作自己的这些看法“好像”都是错的会怎么样呢？这与客观现实无关。（这也并不是真实存在的，下一本书里我们再讲。）“仿佛”框架要让你表现得与你的想法不同的，甚至完全相反的才是对的。这种练习需要你极大地提高信心，对于注重逻辑的内向者而言，你要停止怀疑。这与确定的或实际事实无关。重点在于改变你的想法，增大成功的可能，而不在于拿下一场辩论赛。

我们先练习把前面那些想法都替换成相反的观点。从下面观点中选择你最喜欢的。如果你表现得好像下面这些话才是对的，你的生活会发生怎样的变化呢？注意如何进行不同类型的重构。

- 我擅长社交。
- 大家都喜欢我。
- 我对人友好又真诚。
- 与人见面时我能更坚定、更自信。
- 我对希拉要说的感兴趣。

- 希拉对我要说的感兴趣。
- 我对自己要说的感兴趣。

想知道这个小工具的其他用处吗？想想上一次你参加社交或者职业活动，却陷入与错误的人进行一段错误的对话的窘境。我想你应该知道我的意思。凭着自己可靠的第六感，你立刻就知道这个人是房间里最无聊的人。你可能会反驳我说，你不会如此冷酷无情地评价他人。就算你没有这样刻薄的想法，下面的这段内心独白可能也会让你深有同感：

“我今晚究竟出来干吗？现在好了，我被这个老古董困住了脱不开身。真的，太烦人了！完全是在浪费时间。（哈欠）如果我一直东张西望，他可能会看出来并放过我。真倒霉，怎么才能离开这儿呢？”

如果你试验三个月，假装每个人都是对的人——或者只在遇到某个人的那一小段时间里假装一下，结果会怎样呢？会发生什么呢？我来做个有理有据的推测。

如果你选择相信面前的这个人，他此时就会出现在你面前，因为你有一套新的待人方式，你把他当作一个对的人来看待。即便是暂时性的也好，他就是那个对的人。你变得更加热情活泼，不那么心不在焉了，变得对社交更感兴趣，你本身也变得更有趣了，为双方都创造了新的机会。

我看人很准，但是常常看不出谁最后会成为我生命中对的人。我习惯了这样——我不能总是正确地分辨出谁会在我生命中扮演重要角色，而谁又将很快被遗忘。

你要表现得就像每个人都是对的人。“虚拟世界”有无数种变化形式，虽然这个小工具在哪里都能练习，但是在实际社交场合中演练一下才是最好的。

第十一章
主持社交活动

你若对别人感兴趣，两个月内交到的朋友，
会比用三年试图让别人对你感兴趣交到的朋友还要多。
——戴尔·卡耐基

小测试：

判断正误：

对讨厌社交的人来说，随意聊天胜过有组织的活动。

答案：

错误。

你可能有过这般不愉快的回忆，在宴会中孤身一人，心里的小花朵都要枯萎了，眼巴巴地看着那些外向的人在房间里一边享用着美味的开胃菜，一边到处结识朋友、收集名片。这样的经历可能让你更加坚信自己的不足：“我可不想和这些人说话，他们肯定也不想理我，我要离开这里。”

快停下这种恶性循环！

假设你现在是这场活动的组织者。当然，可能在活动举行时，演讲台上致辞感谢的对象并不是你，但是我们心里清楚，你才是整个活动的主持人。或许这场活动并不是专为社交而举办的，但是我们都明白，许多不用“社交”命名的活动实际上也是社交平台。你将如何主持一场兼顾各种性格人群的社交活动呢？如何在活动中照顾到不同风格的他们呢？

让我们从头开始。

做好准备

静心思考。你会以一场头脑风暴开始规划活动吗？许多人都是这么做的。你的筹划委员会可能会就活动地点、主题、范围和其他相关活动展开头脑风暴。但是，大多数头脑风暴会议，本质上都是由外向的人来主导的。

一个人提出问题，捏着半干的马克笔，站在脏兮兮的白板前，希望大家给出建议。每当有人说出想法后，就认真地记录在白板上，好让大家都能看清楚。而也有人什么都没说。就算是没有经验的旁观者，也能看出积极分享想法的人在这一过程中十分投入，而安静的与会人员看起来则是另一种状态：漠不关心、表情呆滞、懵懵懂懂、思绪游离、双眼无神。这还远不足以描绘他们的神态。

会议旨在让人们在讨论中思考，那为什么最终开成了这样呢？这是因为，内向者是先思考后开口，等他们觉得自己想法成熟，可以大声与他人交流的时候，讨论早已依据重要性排序进行到下阶段的分析了。值得注意的是，只有在提及极其重要的话题时，内向者才会迅速发表自己的长篇大论。

幸运的是，只需一个简单的方法，你就可以把内向者从这种极不公平的现象中拯救出来。你再次主持头脑风暴会议的时候，可以先发纸和笔，再宣布讨论话题，请大家仔细思考潜在的解决方法，并将灵感记录下来。即使只有一分钟思考时间也很好，因为内向者只是爱思考，不是反应慢。

认真看着时间，别凭感觉判断一分钟有多长。接下来，请大家发言，或是把写满灵感的纸片递给你，你可以大声念出来，并写在白板上。等看到满白板的点子，你绝对会大吃一惊，这可比平时得到的点子多得多。

另一个问题是，外向者怎样才能避免在头脑风暴会议上过度发言，或者说在任何会议中说太多呢？一位外向者告诉了我他的秘诀——“我为什么发言？”他说，在会议中隔一小会儿就问自己这个问题，能使自己的发言保质保量。

在准备活动的初期，请花一点时间了解身边的潜在资源，比如他人的兴趣、背景和特长。使用调查问卷能获得内向者更有深度的回答。你要对各种反馈都敞开大门，自由地分享想法。这样做，你就能避免下面的情形：

我有个非盈利机构的客户举办过一场以某偏远文化风俗为主题的盛大活动。客户在活动过后才发现，一个会计部同事的妻子竟然就来自那个地区。于是，他便自然而然地掌握到关于那个地区的第一手信息，然而除了他，没人想到在活动开始前在部门之间开展交流。

不做假设

如何才能把项目中的内向者、外向者和中向性格者拧成一股绳呢？我已经见证过很多次成功案例。

内向者坚持不想被卷入社交活动。各种性格的人好像都不喜欢和不认识的人交往。别相信他们！我向你保证，规划良好的活动实际上能让每个人都受益。将参与者混合在一起，给他们提供交流点，对每个人都有好处。

到最后，那些嘴上说对频繁地安排见面会意见最多的人，往往也收获最多。

循序渐进

适合所有人的社交活动，既组织有序又具有灵活度。如果是定期举行的活动，可以考虑为新成员发放带有新人标志的名牌，鼓励老成员主动交流。

下面给出的活动示例，适用范围广且易于实施。你根据需要进行改动，依据喜好进行调整。每次活动用到一两个便足矣。

放置桌签

一般折叠式桌签适用于30人到300人的团队会议。桌签小点即可，有创意地写上性格和描述要点，朝外放在每个座位上（比如，会说三种语言、会打高尔夫、有博士学位、会变戏法、爱做饭、爱读书……）。

记住要多准备一些桌签和空白桌签。参会者来了之后，请他们坐在自己桌签的位置。

这种设置有双重用途。首先，参会者们混坐在一起，每个桌签都能帮他们打开话匣子；其次，如果有人找不到自己的桌签，可以从多余的桌签里拿，或用空白桌签自己手写更多创意内容。

名牌的艺术

在入口处摆张桌子，桌上放好名牌和不同颜色的笔。每来一个人，就让他在自己的名牌上画点能代表自己的小东西。当人们走来走去，和别人开启话题的时候，这些画出来的小东西可比基本的自我介绍有用多了。这种方法我对氛围严肃的团队也用过，他们对结果特别满意。

宾果游戏

只需要一点准备工作和创造力，就能让这款宾果游戏奏效。做几张内容不同的宾果板，每张都设5行4列共20个方格。我一般会为活动准备10张宾果板，但其实四五张也够用。在每个方格里写上不同的特征、爱好或性格特点（园丁、活宝、喜欢下雪、不知疲倦、天生骑手——可以具体，可以模糊，也可以写些比喻）。游戏开始前，确保每个参与者都有宾果板，游戏时间为5分钟。

参与者找到与方格描述对应的人后，请这个人在方格里签名。一个人只能请其签名一次，参与者不能在自己的宾果板上签名。方格填得最多的人获胜，你可以为获胜者准备小奖品。

宾果游戏能在短时间内使人们活跃起来，发展新联系，借助已有的信息继续聊天。在总结时我喜欢增加讨论环节，包括目标如何影响人们的行为，以及第一印象如何具有欺骗性。

音乐热场

以一个简短的活动开启见面会，来吸引大家的注意力。告诉大家，你即将播放音乐，期间每隔15秒暂停一次。他们只需听着音乐走来走去，音乐一停，找一位身边的陌生人，在1分钟之内聊聊你提供的话题（如第一份工作、难忘的假期、梦想的美食……）。1分钟后，音乐继续，重复以上的步骤。在每一轮游戏开头提供新话题，游戏共持续5轮。以下是可供借鉴的话题：

- 你的第一份工作是什么？
- 你梦寐以求的美食是什么样的？
- 秀一把你的隐藏技能吧！
- 你最难忘的假期是在哪儿度过的？
- 说说你的成功经历。
- 过去的一年里，最令你骄傲的事情是什么？

人们会热起身来，分享一些轻松愉快的故事和回忆。另外，每个人都能在10分钟内认识5个人呢！

记住名字

你的名字是最美的词语，意大利人的名字尤其如此。

有位客户对自己的前辈印象很好，曾这么说道——“他人真的很好，”他边说边笑，“或许只是因为他总记得我的名字。”

想和他人相处融洽，记住他的名字准没错。但糟糕的是，我们不擅长记住名字。大多数人——无论外向者还是内向者——“记人名基础测试”都不及格。请听听我的建议：

1.别人做自我介绍时，你应该全神贯注，要真诚。很多人听说一个名字后不久就想不起来了。把注意力放到你面前的人身上，这也意味着，你不该有胜负心。

2.第一次见面时，直视对方的双眼。

3.在第一次谈话中叫3次对方的名字，但3次以上就太多了。

4.把新名字和你认识的人联系起来。

5.问问对方名字的来源或写法。

利用基础感官能提升你记名字的能力，可以从以下三个方面寻找最适合自己的方法：

听觉	视觉	动觉
● 询问怎么写，并复述确认。 ● 确认读音。 ● 将名字和对方的声音联系起来。 ● 如果能想起一首唱过这个名字的歌，那就再好不过了。 ● 在脑海里重复吟唱这个名字。	● 看看名字的彩印版或手写版。 ● 在脑海中把这个名字图像化。 ● 看看名牌。 ● 将名字和对方的长相联系起来。 ● 想想你认识的同名的人。	● 想象新朋友正在做事，他的动作如果和名字是谐音的话，效果会特别好（如赵某在照相，钱某在前进）。 ● 注意对方的站姿和行为举止。 ● 谈话结束后尽快把人名写下来。 ● 如果是团体活动，可以把所有的名字填入表格。 ● 在空气中比画对方的名字——可别当面比画！

做好分内事

记别人的名字的同时，你肯定也要帮别人记你的名字。你可以根据大家对你名字的熟悉程度使用不同的方法。

你的名字人人熟悉	你的名字有点名气	你的名字不太常见
● 佩戴名牌。 ● 确保坐下也不会遮挡名牌。 ● 重复你的名字。	● 问问大家是否认识和你同名的人。 ● 介绍名字的写法。 ● 说个和你同名的名人。	● 说名字时慢些。 ● 用旋律或别的方法帮助记忆。 ● 前几次见面都做自我介绍。

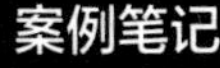

沉默是金

我曾为高级工程师们组织了一场交流分享会。上级要求他们必须出席，行政主管建议给分享会起名为“不出席就辞退讨论会”，我巧妙地忽略了他的意见。

按照本书看来，几乎所有的与会者都是内向者，因此，活动参与度低，活动进行得飞快。我怀疑他们并非对活动不感兴趣，只是一方面，内向者往往需要时间处理信息，另一方面，他们表现得十分投入，只是没有发言。我的直觉没错。活动中间第一次中场休息时，他们带着问题把我团团围住。几乎所有人都只在中场休息期间问问题。

认知失调

还记得“认知失调”吗？这是你大一学过的一个基础心理学知识点。这个心理现象说明，人总希望自己是对的。假设我现在坚持一个理论，我坚定地相信自己的假说，我的大脑一察觉外界有与我的假说冲突的证据，就会高速运转，企图反驳，并继续坚持我的理论。大脑坚持收集和整理对我们的观念有利的数据，同时清理、忽略和驳斥与我们的意见相左的证据。

我们来举个例子，以加强理解。

你认为哪类人是最不称职的司机？别告诉我答案！我不想把我的理论变复杂。现在，想象自己正在高速路上飞驰。你在左车道上，时速55英里[①]。你心里盘算着最多能跑多快，还不被警察拦下。当你时速达到64英里时，你正前方的车却正以不可思议的时速——50英里缓慢前进，要知道，这可是快车道啊！你转入右车道超车，情不自禁地向车内投去一瞥，看这位不合格的司机是否符合你对坏司机的认知。啊哈！就是那种人！你就知道！猜对能给你带来一点自我满足感。

现在，试想你遇到了同样的情况，只是车里的司机并不是你脑海里的那种人。事实上，这位司机和你差不多。那你会认为是自己的理论错了吗？还是说，你会在心里想着“好吧，人可真复杂，是我错了吗？”不，你不会。你只会耸耸肩，心想“好吧，真奇怪”，然后继续赶路。你会认为这次例外根本就不算数，然后为了维护你的理论，你会清除这次数据。

活动筹办者经常预设与会者对活动的态度，然后整理支持自己假想的数据，这么做会造成很多不良后果。只有提高对认知失调造成的思维限制和陷阱的认识，你才更有能力接

---

① 英里：英制长度单位，1英里约等于1609.3米。

受新想法。

活动举办成功的关键在于和与会者建立融洽的关系，因此，活动中应与众人同步，保持沟通、保持灵活。接受多元风格，而不应像下文的乘务人员那样，与众人的情绪产生冲突。

最后，活动筹办者在规划过程中应保持多元化风格。

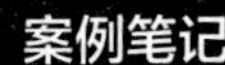

与别人情绪同步

出差回家时，我坐的中转航班在俄克拉荷马城滞留。我等了两个小时，耳边不断传来航班推迟的信息，当时已接近晚上10点了。最后，航班取消了。这个坏消息姗姗来迟，我们得到早上才能出去。于是，那么多心怀不满、疲惫不堪的乘客只好在机场候机楼里穿行。

没人觉得开心。

可这时，我们身边出现了一位客服代表。她满脸笑容、异常活泼，仿佛正在迪士尼的大街游玩似的。

但我们离迪士尼十万八千里。她和乘客们的情绪完全不在一个频道上，这使得最温顺的乘客都要暴跳如雷。我们的夜晚已经彻底毁了，她怎么还敢这么开心！

与众人保持一致意味着你要将心比心，和众人的想法同步。重点是要有共情能力，这不是让你对着一个心情糟糕的人大喊大叫，以让他明白你支持他。相反，太过随意的安慰反而会让人以为你不在乎他，甚至是在嘲笑他。你要明白他是因为什么事而伤心，而同情他不等于你要和他反应一致。你需要认可他人的情绪反应，而不应无视。

大多数情况下，好心情是有感染力的，但和组织内部气氛保持一致同样重要。如果要从讨论全球变暖的严重后果的会场起身离开，就千万别满面春风地和别人说，今天可真是个温暖宜人的二月天呀。

想和他人建立联系，就要注意自己的说话方式、音量大小和肢体语言。多练习，多改正，才能最大程度地适应各种场合。

曾有人说我说话嗓门有点大（内向者可不全是小嗓门！），但在和说话柔声细语的客户见面时，我会主动降低音量。在与人交往的过程中，我会在完全保留内在的同时，调整自己的外在表现。

进阶课程

能力较强的内向者擅长

- 一对一讨论
- 深厚知识和专业技能
- 深思熟虑

内向者的优势

- 高度专注
- 认真倾听

- 后续跟进

能力较强的中向性格者擅长

- 与各种类型的人合作
- 推动进展
- 调解关系

中向性格者的优势

- 弥合分歧
- 得到接纳
- 建立联系

能力较强的外向者擅长

- 小组讨论
- 宣传效应
- 对多个主题进行互动

外向者的优势

- 推广项目，荐贤举能
- 拓展团队人际关系
- 激发新点子

第十二章
如不跟进，何来社交

最有效的一个社交技巧就是迅速提供自身价值，

一旦找到帮助他人的方法，就要行动起来。

——刘易斯·豪斯

小测试：

这场谈话透露双方都有潜在需要，他们已经交换了联系方式，谁有可能会主动跟进呢？

答案：

认为自己人际关系不够广的一方更有可能会主动联系对方，并与其建立密切关系。

你参加了一场活动，表现得彬彬有礼，无可挑剔。你表现得友好又幽默，只吃不会粘牙的食物。你滔滔不绝的即兴演讲吸引了一小批听众，他们向你投去敬佩的目光。你既没有逗留太久，也不过早离开，而是在适当的时间，朝刚认识的新朋友们挥手致意离去。你在来福车后座上沾沾自喜，笑看如梦如幻的城市景色，结束了这精彩的一晚。

第二天、第三天、第四天……你的生活变得忙乱，工作、家庭和其他各种各样的事情把你紧紧套牢。几周后，你才在公文包最深处发现一堆破烂的名片，敷衍地浏览后才隐约想起它们是从哪儿来的。你觉得自己很高效，把名片全部扔进了垃圾桶。

但是你忘了，你不主动跟进，你前期的努力便一文不值；不主动跟进，你就只是和别人聊天而已。就算你按这本书中的其他建议都做了，但唯独没有做到主动跟进，那么你的社交也不会收到很好的效果。记住这个惊人的事实：

不主动进行后续联系，就没有社交！

人们为什么不主动联系呢？一起拆穿五个最常见的借口吧！

借口1

“我记性不好，既记不清人名，又记不得他们长什么样子。”

反馈1

你猜怎么着，我记性也不好！主动跟进可不需要非凡记忆力作前提条件，有计划地推进就可以挽回局面。遇到值得联系的人之后，你应该递上自己的名片，也要一张对方的名片。分开之后，应立即把对方名片上的重要信息记录下来，比如：

- 姓名，同时标注正确读法。
- 见面时间和地点。
- 谈论的话题（未来计划、近期旅行、兴趣爱好等）。
- 后续联系的想法。

别再抱怨自己记忆力衰退啦。

借口2

“我给活动中所有人群发了信息。”

反馈2

这样的联系草率至极，你能做得更好！任何懒汉都能给所有联系人抄送同样的邮件，但这并不是真正有效的联系。乔装打扮成私人邮件，却没有任何私人的味道，这样的邮件只会被拦截。往好了说，你那封虚情假意的邮件会直接进入垃圾箱；往坏了说，人们会认为你虚伪。真心的邮件总胜过没有意义的联络，不过别担心，继续读吧。

借口3

“我太忙了。”

反馈3

你不必和见过的所有人都保持联系，联系质量应该大于数量。先选好重点关注对象，然后迅速出击，做出有意义的联系。依旧不要将有选择性和懒惰混为一谈。考虑优先级的意义在于将更多的精力集中到更少的人身上，而不是花两个小时，给你在一场持续三天的会议上遇到的所有人发主旨模糊、内容相同的邮件。把注意力集中在几个你印象最深的人身上，用较少的时间换取更高的回报。

借口4

“他们如果有兴趣的话，会主动联系我的！我主动联系的话，看起来太急切，咄咄逼人或是急于求成。”

反馈4

这样的话毫无根据可言。你不主动联系，其实是在推卸责任，而且你肯定会错失极具价值的联系机会。你能否与重要人物取得联系，取决于你是否去做。你礼貌且发自真心的联系不会被看作急切或咄咄逼人，更不会被看作急于求成。回忆一下，你有因为谁的进一步联系而生气过吗？如果你真有生气过，是因为对方咄咄逼人，低声下气，还是他对你近乎苛求呢？你要进行周全的考虑，确保联系时尊重对方并保持思路清晰。

借口5

“我联系了，但没收到回复。”

反馈5

抱歉，傻瓜。后续联系很少能一次成功。你一开始可能会因为各种原因而收不到回复，但这绝不是对方在故意冒犯你。后文将继续展开讨论。

做好准备

保持乐观，一旦发现自己开始找借口，你就应该重新审视，进行积极的自我对话（详见第四章）。告诉自己，别人对你没什么兴趣纯粹是你自己的推测。

不回复“≠”没兴趣。

具有韧性

现实中，大多数人处于压力之下——表面光鲜的背后，其实杂乱无章。这就意味着，你的努力在对方那里可能并不奏效。自己的努力在几天内收不到对方的积极回复时，你的脑子里会产生各种解读：我主动联系的行为简直太蠢了！他受不了我！他再也不想见到我了！我搞砸了！

更大的可能性是什么？他们或许根本没读邮件，或许读的时候分神了，或许正打算回复你，或许以为自己回复过了，或许在处理各种急事便忘记了。想听听我的亲身经历吗？

1.有一次，我给别人出了一个高明但另类的点子，但迟迟没收到回复，我开始胡思乱想，是不是我的主意冒犯了她。当下我很后悔，我怎么敢有胆子出这样的主意呢！然而第二周，我听说她从公司辞职了。我这才意识到，当我的脑海被自己的胡思乱想占据时，她正处在换工作的旋涡中，根本无暇顾及我的建议和感受。后来，我们继续保持联系，她把我的想法用在了新的工作中。

2.还有一次，我和一位新客户建立了良好关系，她对我的工作十分满意。由此看来，我们一定会有后续合作。在接下来的几个月里，我时不时地给她发邮件保持联系，并多次提起她曾说过的那个尚未实施的项目，但她没有回复我。整整一年后，我又试了试。这次，她立刻回复了我，字里行间激情洋溢。她说自己之前一直在处理层出不穷的家庭和事业问题，现在想立刻和我通电话。她表现得像是从未看过之前的邮件，不过我觉得这样最好了。

3.还有一次，我发现了一个机遇，并根据对方的要求寄了材料。我们前前后后计划了三次会面，他每次都在最后一刻取消。我差点就放弃了，过了一段时间后，我做出了最后一次努力，发了“最后一封邮件”。他在回复中感谢我一直和他保持联系。事实是，他在那段时间里经历了两场手术。而现在，他准备好大干一场。

这样的经历多到数不清。有时候，你对另一个人的了解仅限于电话线那端传来的声音。与其随大流地轻视自己，不如提醒自己，你无法想象他人正在经历什么。

要点：

- 对自己好一点，你可能没把事情搞砸。
- 对别人多点耐心。
- 给自己留好后路。
- 结果好就一切都好。

不必指出你耗费精力做的提案被别人忽视了，抑制住自己指责他人的欲望，像“我早在第一封邮件中便提过”之类毫无意义的话，切记不要出现在邮件中，因为书面语言很容易引起误解。

循序渐进

如何把机遇转化为结果呢？

在第一次见面时，提前思考这个人看重什么，并以此指导你的后续工作。他有什么急需解决的问题吗？他只想知道事实吗？他注重社交吗？你的谈话内容应该与这些线索一致，对线索不确定的时候，就问问题。

联络时要积极向上，清楚简洁，注意自己的直觉。

把握时机。请于两日之内联系，因为这时你对你们的交流印象深刻。记忆和灵感稍纵即逝，我们一般会在48小时内遗忘一半听过的话。

温馨提示。一般来说，周一最不适合联络、要求他人或是寻求帮助。周一时，人会对大堆邮件、信息、要求和截止日期感到恐惧，你对这种感觉可能也不陌生。朝九晚五的人不太可能在每周的第一个工作日回复不紧要的信息。

不过也有我这种例外。不知为何，我每个周一都精神饱满，渴望快速做完手头的事。更糟糕的是，我爱早起。要是不控制自己，我会在早上9点之前就开始给别人留言。如果你也有这种倾向，抑制住！我会下意识把不重要的后续联系推到周二进行。现在就是周一早晨，我用写作来转移注意力。周二联系比周一更富成效，周五则更是如此。周五作为最后一个工作日，不仅最为清闲、适合联系，还是要求加薪的好时机！

个性化。既然内向者喜欢用文字表达感情，那为每个新联系人写张便条再合适不过了。想为社交加分，何不试试第一次见面聊过的话题？问问他的新项目怎么样了，比如在杰克的足球队里做教练怎么样。这样你会给对方留下很棒的第二印象。

请注意，如果对方特别热衷于文字，就给他寄一封手写信吧，这一定能引起他的注意。普通通信不必如此大费周章，但手写信能让你在需要的时候显得特别。手边随时备好邮票和漂亮的卡片，真的动笔你就会发现，手写并不比写邮件慢。记得把字写好看点。如果做不到的话，也可以打印邮件，然后签上自己的名字。

在社交过程中，一定要做自己。出生于二战后的读者需注意：时代不同了。除非对方要求，否则不要直接打对方的电话。突如其来的工作电话常会使人措手不及。

提升效率。想要稳定一段新关系，可以考虑发送一个对方感兴趣的相关链接、参考书目或文章。一个考虑周全的举动说明你不仅回想了对话内容，还对别人有用。记得附上你的个人网站（个人作品），方便对方进一步了解你能为他提供什么。

如果时间不紧张，隔一段时间再发送第二条信息比较合适。隔两周再发，比一周发两次邮件轰炸别人要好一些。

在时间急迫的问题上，例如提交建议书、工作申请、工作说明书、项目报价或类似文件时，要求对方在你发出第一封邮件后回复收到，是完全合理的。

截止日期日渐逼近，你却还没收到回复的话，可以发送一封附原提案的简短邮件进行确认。确保邮件简洁易懂，如：“旨在确认，您是否已收到我6月18日发的建议书。建议书附后。如需提供其他信息，请告知。”

案例笔记

你在哪儿呢

一个周五的下午6点，我收到一位自由职业者的信息，她说想采访我，请我录段播客。我本不感兴趣，但又想尽我所能支持记者和创业家，于是我草草写下一张便条，提醒自己下周回复她的信息。结果周六早晨我收到了这位自由职业者一条语音：“德沃拉！！！你在吗？！”这才过了12个小时——而且还是在周末。

因为我尽量不在周末查看工作信息，所以我到周日早上才听到她是如何指责我回复慢得让她受不了的，她的无礼让我震惊了。

我瞬间改变初衷，决定不参加她的活动。

人很容易失去理智。等待别人回信时内心可能很煎熬。但对你来说重要的事，对他人来说未必如此重要。人们总是忙于自己手头已有的任务，对此你应该谨记于心。实在不行，考虑把这句话设置成手机铃声吧。

会哭的孩子

会哭的孩子真的有奶吃吗？还是会闹得你心烦？什么程度会让人烦？怎么哭才算“会哭”？真让人摸不着头脑！

如果你联系过于频繁，人们会讨厌你。反过来讲，完全不联系，人们想找你都找不到。

你应该让人们能联系得到你。我曾想做回头客，却怎么也找不到原先的商家。一年里发一两次跟进信息能帮助你的客户，另外，要能够“取消订阅”，免得消息让人讨厌。

你有没有过这样的经历：一个商家挑了个最合适的时间提醒你再次采购，预定训练课程或是换机油，他的产品或服务原本不在你的考虑范围之内——后来发现原来是订阅了。你也可以将这种方式运用于自己的联系人身上：通过之前和客户的沟通（如：我们预定于4月进行培训），对客户生意的了解（在年末支出较多），或跟踪典型产品的使用周期，来推断出客户什么时候最有可能需要某种服务。

在合适的时间联系客户后，我最喜欢听他们说“你简直会读心术！”我之所以能“读心”，靠的是考虑周到和有序安排。

反过来说，别跟进得让人讨厌。太过热情，客户要么会反感你，要么会躲着你。而且还会让人怀疑，你为什么这么闲。

把握节奏

联系人中，谁比较重要？这个问题很难回答。我的回复是：“无解！”

你有没有和谁毫无原因地一拍即合过？尽管一见如故，你可能会考虑，这个人对你目前的事业毫无帮助。他不懂你从事的领域；他和你的职业道路迥然不同；他刚退休，而你的事业在海外。

不用怀疑，一定要保持联系！不必盘算这关系会如何发展，保持联系就好。你们之间无法解释的默契可能会在未来助你一臂之力。

比起带有目的的联系，真心才能为你的人际关系带来好结果。

就算你智商超高，你也无法预见一段关系的走向。我和一位同事一直是很好的朋友，在他退休后，我们有时会一起喝咖啡或散步叙叙旧。几年过后，我突然接到一家五百强公司的电话，说希望我去那里工作。电话最后，这位人力资源主管说她是从同事那里听说我的，她的同事正是我那位朋友的妻子。

打破定式

你都坚持读到这里了，那我就把我最搞笑的联系策略分享给你吧。我曾发誓，绝不承认那是个愚蠢的计划，但又有谁没傻过呢？我当时有大把时间，满心想在我的联系人那儿找点存在感。当时正值3月中旬，我希望自己的想法具有创意，于是灵光一现，想到了圣帕特里克节！

我决定化身这个节日，署名为帕特里夏、帕特里克和帕特，给我的联系人们奉上一份特别的节日祝福。结果不出预料，我20个联系人里，只有5个出于礼貌回复了我。其中一位极富激情地说："好久不见，可以一起吃顿午饭吗？"——这是我们长达5年合作关系的开始。

你可能会质疑我的激情，想着"这不才5年吗？这比起三角龙统治世界的时间，简直不值一提"。你要是能用"三角龙"和"白垩纪"一起吐槽我，就更让我刮目相看了。没错，5年也没有那么长，但我们的合作质量非常高，我从中受益匪浅。

把你工作地区的天气、节日或人们的爱好都划入你的考虑范围。2月可以祝你的加拿大同行国旗日快乐；向正在庆祝皇家婚礼的英国客户发送一封祝酒信；评论地区选举能给你的澳大利亚客户留下深刻印象……

懂得放弃

作为一个专业协会的董事，你出于好意向一位新联系人提供了6个月的免费会员，或者允许其免费参加近期的一个活动。他拒绝了你的好意，你以为他是不好意思接受。于是你再次努力，坚持很乐意他加入，告诉他加入之后有众多好处。

虽然难以理解，他可能并不愿意加入、出席或是见面。你眼中天大的好机会，对他来说可能是浪费时间。这并无对错之分。

你无法解释他人为何不喜欢，但是这不代表你做错了。

向对方提议，并善意提醒，对方若拒绝，回复“如果您改变主意，此提议依旧有效”即可。

有人自称乐于加入，也有人想少点折腾。如果你属于后一种，拒绝别人会让你不太好受，你也不想显得不知感恩，甚至一无是处。你从不参与“办公室家庭一日游”这样的活动。你可能不是热爱教师协会的人。可能跟很多人待在一起你会感到不适。

坚持做自己，不用和他人比较。如果你觉得某事对自己压力太大，那就相信自己的直觉。愧疚、毫无计划却急于尝试的话，事情最终会演变成一种恐慌。

你可以这样拒绝：“感谢你的邀约，不过不了，谢谢。”

你无须进一步解释，继续解释或找些借口只会令情况更加复杂，为你招来反驳，比如：

- 就是几场会议而已！
- 这个角色你最适合了。
- 我们一直多开心呀！
- 只是个小请求而已。

直接回复“我已经决定不去了。”不用详细解释，这一句话就够了。

事实上，就算你竭尽全力，你期望的关系还是毫无进展——这样的事时有发生。你可能永远都不知道事情的原委。在某种程度上，扩展会带来边际收益的递减，是时候继续前进了。在一些项目中，我请参与者说服别人吃不喜欢的食物。他们运用各种战术，经常能得到不错的成果。偶尔，这些“说服者”会遇到对食物过敏的“坚决反对者”，这种情况下，不管“说服者”花费多少精力，都不可能成功。不要对沉没成本念念不忘。懂得及时止损和得到真心接纳一样重要。

第十三章

打造属于自己的社交圈

昨天的我只是聪明，我想改变世界。

今天的我拥有智慧，我在改变自己。

——鲁米

小测试：

过生日最怕什么？

答案：

外向者最担心能否请到足够多的人参加生日派对。

内向者则因为要和那么多人说话而感到困扰。

社交VS虚拟社交

虚拟社交在某种程度上和“社交”二字画上了等号。这种描述并不准确，因为同时和不同地方的很多人进行交流，并非传统意义上的社交。我认为，面对面交流才是社交。

科技进步带来许多好处，这一点毋庸置疑。因为科技进步，我们才能跨距离沟通。尽管如此，见面给人的感受依旧无可比拟。仅凭这一点，就值得你从身边人着手，拓展人际关系。如果你乐于和人当面交流，那么我们的想法是一致的。

把握节奏

假如你刚搬到一座新城市，渴望拥有志同道合的朋友，或者你和伴侣想扩大社交圈；也许你考上了全日制研究生，也许你经历了人生变故，想要开启一段新生活，或者你想要拥有工作以外的社交。轻松完成本章的阅读，你能从中受益良多。

职场社交大多是为了在工作上更进一步，尽管个人社交目标各异，但成功的重点依旧是遵循自己的社交习惯，你就是你。在第二章《自我测评》中得到的分数和你建立新关系的模式息息相关。比如，既喜欢一对一对话又需要时间处理新关系，会决定哪种交往方式最适合你。

明确区分社交类型

有时，职场社交和个人交际有所重合。友情会发展出生意，生意中也能产生友情。个人社交有可能带来事业上的进步，但这是潜在额外效应，不应作为奋斗目标。只有明确区分职场社交和个人社交，才能赢得他人的尊重。

千万别不管夜晚、周末还是假期都无休止地推销自己。和朋友吃个早午饭，却掏出宣传册子，介绍自己的创业近况；在邻居举办的假日派对上，强行游说别人进行投资。这样做不仅生意不会红火，还会失去很多朋友。

与人交往应该目的单纯。一个朋友曾邀我出门叙旧，但我们一坐下，他就开始一边讲笑话，一边请我为他新生意的人际关系指点一二。我觉得自己上当了，因为他那晚的目的并非叙旧。几个月后，我受邀参加邻居的派对。当时，我刚结束旅行，期待用这个机会和朋友们叙叙旧。结果，我刚到那里就遭到了一位熟人的“袭击”，她“拷问”了我很久，让我给她几周后要开的会议提些建议。我本想借此机会放松一下，最后却被搞得筋疲力尽。

想请教我就直说，我很乐意帮你，但是我不喜欢在休闲聚会上被迫聊天。我们内向者有时也喜欢非正式社交，但是我们不喜欢被打个措手不及，也不喜欢那些只在他们需要时才遮遮掩掩主动联系的人。别说是我不够成熟，在我眼里，以这样的方式开始任何社交都是不得体的。好的社交，需要你如实告知他人你聚会的目的。

案例笔记

别问

最近一段时间，我去哪儿都得拄着拐杖。除了变得更加笨拙，我还加深了对自己内向者身份的认识。

就像生意场上看似毫无冒犯之意的问题，却会让一些人感到不快，社交场上也是如此。人们见到熟人身体出了点小问题，普遍会出于本能地问：“发生什么了？！”回答者往往会因此陷入谈话怪圈，不停地叙述着同一件事。更别提事情可能涉及隐私、让人沮丧，或是令人尴尬了。

人们对隐私的定义不同，保险的方式是，只问“你过得怎么样？”由对方决定是否要解释现状。在我即将康复时，我和四位职业女性一同参与了会议。没有一个人主动问我身体怎么了，她们把谈话主动权交给了我这个她们刚刚认识的人，令我很感动。

循序渐进

在建立新的人际关系时，可以试试下面的三步走战略。这些方法的优点在于，成本很低或是免费的。

准备好的话，就行动起来吧！

第一阶段：走出家门

先从简单易行的步骤开始，探索自己的周围环境吧。看看街坊邻里，或是乘车去城里逛一逛。留心附近是否有步道、农贸市场、花园、健身房或公共空间。如果你养狗的话，还可以找找能遛狗的公园。

还可以浏览网页，阅读当地的新闻和公告栏。去超市或市政部门打听最近有什么活动。我问过一些新换住所或者开启新生活的人，以下是他们的建议：

- 如果方便的话，住得离当地活动举办地点近一些。
- 去附近的咖啡馆工作，或是在那儿坐一坐，想象怎样与别人会面会让你更加高效。
- 要对收银员、咖啡师、服务员、酒保和小店主友好些，你很快就能从与他们的频繁接触中找到家的感觉。
- 上网搜索有组织的见面会，你能找到许多不同种类的见面会。

- 学会说“好”，犹豫不决的时候，尝试让自己接受新事物吧。
- 拼车上班，既能认识新朋友，又能省钱，少开车也能节省资源。
- 举办一场烧烤派对、乔迁聚会、百味餐或是游戏之夜，邀请朋友参加。
- 如果进度慢得让你难受，不如停下来歇一歇，别期待太多。

第二阶段：加入活动

接下来就应该参加有组织的活动了，这有三个直接好处：

- 你能参与喜欢的活动，或与他人就你感兴趣的话题展开讨论。
- 你和与会人员有相同的兴趣。
- 你能学到新技能、新知识，了解新事物。

以享受的心态参加聚会，就算没有交到新朋友，你也能度过一段美好时光。一般来说，聚会有三种类型：

活动

- 校友活动（学校、以前参加过的机构、露营、童子军）
- 讲座（主题类、流派类和各种演讲者）
- 博物馆（参观、课后活动、讲解员培训）

课程

- 继续进行职业教育
- 学位和证书课程
- 兴趣（建筑、手工艺、食品和葡萄酒等）

俱乐部和特别兴趣小组

- 专业协会
- 图书和电影俱乐部
- 体育和兴趣联盟（保龄球、足球、象棋）

寻找做志愿者的机会。你可以通过做志愿者参与团队合作（如庇护所和慈善组织），获得活动免费入场资格（如剧场引导员），学会有用的技能（如为盲人录制有声书）。做志愿者不仅能为他人的生活带来改变（如老年之家、扫盲计划和危机热线），还能丰富自己的生活，在向你展现生活以外的景象的同时，激励你前行。

当你需要休息的时候，可以考虑参与主题式的静修或有组织的集体假期。这类活动近来越来越受欢迎，同类型的活动简直多如牛毛。

第三阶段：放松

把握节奏

现代生活一般主要发生在家庭和公司两大场地。我们在这两个场所之间往返，承担相应的需求和责任。但还有“第三空间”，也有其魅力。

背景

工业革命后，家庭能够自给自足，娱乐活动不再依赖于公共聚集地，转而在家庭中开展。人们开始花更多时间待在私人住所里。

这一趋势一直在持续。直到几十年前，人们要想看电影或玩电子游戏，就得去电影院或电子游戏厅。而现在，人们可以在卧室里舒舒服服地享受大多数娱乐项目。最重要的是，因为网络的迅猛发展，我们足不出户就能做许多事。没有出门的动力，我们愈发沉迷于个人世界。

除此以外，虚拟办公、远程办公和家庭办公正将家庭和工作场所融为一体。这方便了人们的生活，带来了诸多好处，但是也会造成身体和心理隔阂。随着这种融合势不可挡，又毫无逆转迹象，我们急需建立第三空间。许多著作都有关于“第三空间”的描述，其中，雷·奥登伯格的著作

《绝好的地方》将这一概念推广开来。

寻找你的第三空间

亚洲茶馆中便有第三空间的踪迹。不同于追求速度的快餐馆，茶馆让人放松、享受、放下包袱，欢迎顾客逗留。

在第三空间，你能远离日常生活，释放来自工作和家庭的压力。第三空间是非正式会面地点，在不同的地区呈现为不同的形式。英国街角处的酒吧是典型的第三空间。

第三空间是社区的支柱，为人们提供比工作场合更广阔的交往空间。这里接纳各种人群，社会地位不重要，新客、常客一视同仁。这样的地点有：

- 社区中心
- 社区咖啡馆或待客友好的酒吧
- 健身房或健身中心
- 桌面游戏商店
- 图书馆或书店
- 宗教场所

第三空间尽管形式多变，但都具有温暖和鼓舞人心的力量，顾客在这里能够找到归属感。于1982至1993年播出的电视情景喜剧《干杯酒吧》（Cheers）是史上最成功的电视剧之一。故事围绕一间酒吧的常客之间的互动展开，主题曲

《去个每个人都知道你名字的地方》展现了该剧的精髓，故事里传达的归属感具有巨大吸引力。

行动起来

一个属于你自己的地方

试试哪种第三空间符合你的生活方式。把眼界放宽，跳出固有的思维模式。觉得哪里还不错，就找固定时间多去几次。许多人的第三空间是健身房或健身中心，但是这里的人群分布随时间波动，早晨和晚上的气氛迥然不同。

在家庭之外寻求第三空间，能重新平衡乃至改变你的日常生活。

案例笔记

该鸣笛，就鸣笛

我们都需要前往自己的目的地。你着急，我很理解。我就正忙着成为作家，忙着决定在哪儿加个逗号。

如果你生活在大城市里，你就得花很多时间和车打交道，你不仅会迟到，还会在路上受气！（承认吧，这是事实。）你知道后面的那个混蛋才不是迷糊呢，他就是在强行超车，而前面的车却正以低于限速12英里的速度缓慢前行。

鸣笛！此时不鸣更待何时！！！

我承认，我一年也会鸣笛一两次。虽然我家孩子说其实是一天一次，但谁仔细数过呢？我只是想告诉你，你的痛苦我感同身受。但是，我们应该这样想：你和他人当面交往时，是否比和街上不认识的司机打交道时更礼貌、更有耐心呢？如果是的话，能否试着在驾驶座上也做“真实的自己”呢？试着不对他人怀有恶意，试着和前面的司机挥挥手，试着以轻松的心情对待交通状况，这样做不仅有利于平稳血压，还能稳定你的心情。

在纽约的伊萨卡生活时，因为很容易在开车时遇到熟人，人人都是好脾气的司机。假装自己就住在这样的小镇上吧。

你永远猜不到旁边车里坐着谁，说不定他就是你的熟人，或是你即将认识的人。举个例子，有个着急面试的人，他马上就要迟到了，却被前面一辆车给堵住了，前面那辆车正在慢腾腾地停车。他不耐烦地一边鸣笛，一边绕了过去。那辆车的车主瞪了他一眼——结果那人正是他的面试官。一切尽在不言中。

相关提示

自由意志。社交网络的美妙之处在于自由意志占主导地位。一切都是你说了算，你可以只参加值得你花时间的活动。如果有人惹你生气，你在接下来的两年里都不必和他一起做项目。

保留判断。一位同事玛丽亚说起与熟人格洛丽亚的故事。一开始，玛丽亚自己也不知为何，就是觉得格洛丽亚讨人厌。一天，玛丽亚去抽血，格洛丽亚刚好是那里的志愿者。格洛丽亚帮玛丽亚抽血，贴心周到。玛丽亚向她坦白了自己的身体状况。现在，玛丽亚对格洛丽亚赞不绝口，两人成为挚友。从这件事上，玛丽亚吸取了深刻的教训：不要对别人妄加判断。

保持冷静。没有必要激动。冷静的人很有魅力，乱发脾气的人则毫无魅力可言。一位烹饪学校的教师分享了她的亲身经历：她的学生们因搅拌技术产生分歧。她出面武力解决之后，事情才得以平息。事实证明，长期揉捏面团的厨师，即便身材娇小，出拳也能极为有力。

保留态度。我参加过一次绝妙的团队建设活动，其中一个环节是模拟太空旅行，体验极其真实，堪称现实主义典范。副驾驶员太把这当真了，不停地对我们大吼大叫，担心我们不能在规定时间内完成太空行走，把那位虚拟同伴救回来。我对他报以紧张的微笑，更是火上浇油。这种时候，就保留自己的态度吧。

保持可靠。可靠意味着你言行一致，保持乐观，成为你喜欢的模样。按时到场，一有机会就做好事，言出必行。只承诺自己做得到的事，先三思，再承诺。这些品质在工作和社交中同样重要。

学会减负。克制自己事事参与的欲望，最多同时尝试三件事，这建议同样适用于外向者。

适时放手。不是所有人都想要交新朋友，内向者认为交朋友太多，有压力。外向者可能会向你发出邀请却不落实。是否有人和你擦肩而过？有人拒绝了你的邀请？有人不再和你联系？别把这些归因于自己，这不关你的事，打起精神！

按下刷新生活的按钮确实费人心力。记不清上次和朋友坐下来，看着最爱的电影谈天说地是什么时候了。那就去拜访老朋友吧，你所需要的可能正是换个环境，和朋友开怀大笑！

结 论

再见，朋友

认真听从心之所向，竭尽全力前往。

——哈西德谚语

小测试:

请选出你认为正确的选项:

a.自己比刚开始时更成熟、更有智慧。

b.自己掌握了把内向者变成外向者的秘密。

c.自己能利用内在优势快速开启一次社交之旅。

答案:

a+c

心灵指南

你什么时候感到快乐？什么时候难过？跟着直觉走。如果我的建议还不错，你看后便会恍然大悟。反之，则不必放在心上。

保持联系是使关系稳固又长久的好方法。

向他人展示你最好的一面吧。这都21世纪了，千万不要伪装自己。

论反思

我不认为人们能从经历中吸取经验，我就会反复犯同样的错误却毫无长进。只有认真反思自己的经历，才能真的获取经验。认清犯错模式，继而总结经验，我们才能发展和成长。想想下面这个假设，即神经语言程序学的基础概念（详见第八章）：

没有所谓的失败，有的只是反馈。

说自己失败都是借口！我那么严格，你逃不掉的。

试试打破思维定式，将挫折定义为改变的机遇，或是持续进步的信号。这比宣布自己搞砸了更负责。

把失败看作机遇会发生什么呢？

危
机

上图中的“危”代表危险，而“机”意味着机遇。由此看来，“危机”预示着有些事情看似危险，实则孕育着机遇。

行动起来

关键之处

相信我，你一定能在社交等方面超越自己。我将抓紧时间证实这点。

别坐在沙发上了，站起来活动活动。首先，一只手臂向前伸展，用食指指向前方。接下来，尽全力将手臂向后伸展，身体朝前保持不动。现在，手臂不动，回头看看你的手臂伸了多远，在指什么。

放松手臂，恢复原本状态。再做一次，这次要伸得更远一些。

再回头看，是不是伸得更远了？我带上千人做过这个活动，结果都出奇一致，第二次伸得更远。

第一次和第二次区别在哪儿？细节很微妙：要伸得更远一些。

虽然第一次我就说过“尽全力将手臂向后伸展”，但人们在第二次时总能把手臂伸得更远。这结果简直毫无道理可言！如果你听我的指令，手臂第一次就应该伸到了极限，也就一会儿的工夫，怎么就能伸得更远了呢？你说呢？

附 录

备忘单

内向者	外向者
先想后说	边说边想
思考深入	思维宽广
通过独处获得能量	通过与人互动获得能量
善思	善言
专注	发散
自立	合群
注重隐私	注重分享
关注	
内心导向	外在导向
观念、想法	人、事
需要专注	需要各种活动

续表

社交偏好	
听	说
极少刺激	高度刺激
一对一	团队
社交战略	
内向者	**外向者**
1. 做好准备（研究）	1. 主动聊天（讨论）
2. 循序渐进（联系）	2. 推销自己（营销）
3. 把握节奏（恢复）	3. 参加聚会（交际）

相关阅读

Bandler, Richard, and John Grinder. Reframing: Neuro-Linguistic Programming and the Transformation of Meaning. Salt Lake City, UT: Real People Press, 1982.

Bengtsson, Ingemar, and Karol Zyczkowski, Geometry of Quantum States: Second Edition. Cambridge: Cambridge University Press, 2017.

Biech, Elaine, ed. Trainers Warehouse Book of Games: Fun and Energizing Ways to Enhance Learning. San Francisco: Pfeiffer, 2008.

Buber, Martin. I and Thou. New York, NY: Touchstone, 1971.

Fischer, Roger, & Ury, William. Getting to Yes, 2nd ed. New York, NY: Penguin, 2011.

Frankl, Victor. Man's Search for Meaning. New York, NY:

Beacon Press, 2006.

Gladwell, Malcolm. Blink. New York, NY: Little, Brown, 2007.

Gladwell, Malcolm. David and Goliath. New York, NY: Back Bay Books, 2015.

Hoff, Benjamin. The Tao of Pooh. New York, NY: Penguin, 1983.

Howard, Pierce. The Owner's Manual for the Brain, 4th ed. New York, NY: William Morrow, 2014.

Kador, John. 301 Best Questions to Ask on Your Interview. New York, NY: McGraw-Hill, 2010.

Kahnweiler, Jennifer. The Introverted Leader, 2nd ed. Oakland, CA: Berrett-Koehler, 2018.

Katz, Bridget. "Saber-toothed Cats May Have Co-Existed with Modern Humans."Smithsonian.com, October 23, 2017.

Knight, Sue. NLP at Work, 3rd ed. London, UK: Nicholas Brealey, 2009.

Kroeger, Otto, and Janet Thuesen. Type Talk at Work, 2nd ed. New York, NY:Delta, 2002.

Matei, Sorin, and Brian Britt. Structural Differentiation in Social Media. Berlin,Germany: Springer, 2017.

Myers, Isabel B., Mary H. McCaulley, Naomi L. Quenk,

and Allen L. Hammer.Myers-Briggs Type Indicator Manual. Saint Paul, MN: Consulting Psychologist Press, 1998.

Oldenburg, Ray. The Great Good Place, 3rd ed. New York, NY: Marlowe & Co., 1999.

Quenk, Naomi. In the Grip: Understanding Type, Stress, and the Inferior Function,2nd ed. Mountain View, CA: CPP Inc., 2000.

Wheatley, Margaret. Who Do We Choose to Be? Oakland, CA: Berrett-Koehler, 2017.

Zack, Devora. Managing for People Who Hate Managing. San Francisco: Berrett-Koehler, 2012.

Zack, Devora. SingletaskingSan. Francisco: Berrett-Koehler, 2015.

致 谢

首先我要感谢耶万·西瓦苏布拉玛南。我曾想，有机会感谢“出版人兼朋友”的作者们该是多么幸运，如今幸运降临到了我的身上。耶万恰好还是我的插图画家、知己密友兼对手。没有他，就没有此书。也感谢我的编辑尼尔·梅勒，他金子般的心给予了我很多善意帮助。他们都助人为乐，和他们在一起非常愉快。

还要真心感谢无与伦比的整个BK出版社团队，谢谢你们年复一年对我的支持。与你们相识和合作，丰富了我的生活和写作。感谢你们不断督促我撰写第二版，否则，依我这个自尊心强的内向性格，可能还在尽力拖延这场远大写作进程。

感谢我的高中英语老师詹姆斯·基利安，教会了我如何写作，还有如何生活。

大大的拥抱送给我三个无以言表的青春期儿子，感谢你们的陪伴及一切。另外，感谢大量的朋友和家庭成员，谢谢你们慷慨无私地支持。我不一一说出你们的名字了，这不是内向者所为。

最后，最感谢埃文，谢谢你一次次雪中送炭，对我深信不疑。

OCC公司简介

OCC公司（Only Connect Consulting,Inc.）是获奖公司，专注全球领导力开发，在各大主要行业拥有100多家客户。自1996年以来，OCC公司完全基于口碑推荐，每年持续增长。

客户举例

史密森尼、德勤、门萨、美国教育部、达美航空、全球知识产权学院、英国麦格劳-希尔、环境保护局、城市土地学会、约翰迪尔、美国专利商标局。

公司CEO扎克女士还在以下机构任教：约翰霍普金斯医学院、伦敦商学院、康奈尔大学、美国国立卫生研究院、匹兹堡大学、财政行政学院、俄亥俄州立大学、马里兰大学、美国管理协会、澳大利亚管理学院等，限于篇幅就不一一列举了。

OCC公司还获得了美国农业部年度女性企业大奖。

业务领域

领导力开发	社交
单一任务管理	团队合作
变革管理	沟通
演讲技巧	客户服务
时间管理、压力管理	360° 反馈
创造性解决问题	培训指导
组织评估	会议推进
迈尔斯-布里格斯性格类型指标	战略规划
向上管理	生产率影响与协商
冲突管理	—
舞台模拟	专题小组

媒体报道

OCC公司与扎克女士获得了全球几十家媒体报道，如《华尔街日报》、《今日美国》、ABC电视台、《时代》、《美国新闻与世界报道》、《CNN财经》、美国消费者新闻与商业频道、福克斯商业电视台、《英国航空》、《福布斯》、《时尚COSMO》、《悦己》、《时尚Redbook》、《妇女健康》、《职业母亲》、《环球邮报》、《快公司》等，还有许多外文出版物，坦白说，如果没有翻译，扎克女士自己都看不懂。

如需更多信息及预约，请访问：

www.myonlyconnect.com.

你的大无畏作者

人非圣贤，孰能无过！过而能改，善莫大焉。

——《左传》

德沃拉来自内向国度，为了工作来到外向国度。幼时博览群书，喜爱独自玩耍，以优异成绩从宾夕法尼亚大学获得文学学士。在此基础上，她从事自由职业者，做过演员，在美国和意大利做过电台音乐节目主持人，在伦敦做家政、踢踏舞、热线咨询、调查记者。无论何种职业，德沃拉都极力减少与人交流。

德沃拉通过努力，获得了康奈尔大学约翰逊管理学院工商管理硕士全额奖学金。

德沃拉喜欢钻研细腻的性格特征和善于做美食等闪光点。于1996年成立了OCC公司，服务无数顶尖客户，帮助客户提高社交水平。

德沃拉是《华盛顿邮报》畅销书作家，是主旨演讲人、顾问兼指导。著有《单任务管理》（布瑞德-克勒出版社，2015年）、《零压力管理：管理厌恶者的轻松管理术》（布瑞德-克勒出版社，2012年）、《内向者的沟通术》（布瑞德-克勒出版社，2010年），在全球以45种语言发行。

德沃拉连续15年任康奈尔大学工商管理硕士领导力项目客座教员。在全球各大公司、大学、政府机构、非盈利组织、协会、法律公司等发表演讲和讲座，传授如何社交、单一任务管理、领导力、演讲技巧、沟通、变革管理、团队合作，不过其本人依然是独自就餐的内向者。

德沃拉对于职业发展和个人发展的创新方法，强调自我认知、接纳不同、真诚可靠。曾荣获《华盛顿邮报》“2015年十佳商业书籍奖”“2016年前五商业书籍奖”“十佳非小说奖”。

德沃拉是神经语言编程和迈尔斯-布里格斯性格类型指标认证从业者，还是美国大学优等生荣誉学会及门萨会员。

简介如上。